SPANISH made FUN and EASY
Book 2
For Ages 10 - Adult

Written by

Kathleen Fisher
and
Kathrane Wilcoxon

Published by FISHER HILL
P.O. Box 320
Artesia, CA 90702-0320

Made in the U.S.A.

Publisher's Cataloging in Publication

Fisher, Kathleen S., 1952-
    Spanish made fun and easy book 2: for ages 10-adult / by Kathleen Fisher and Kay Wilcoxon. --1st ed.
    p. cm.
    Includes bibliographical references and index.
    ISBN 1-878253-19-0

    1. Spanish language--Self instruction. 2. Spanish language--Textbooks for foreign speakers--English.   I. Wilcoxon, Kathrane, 1924- II. Title.

PC4112.5.F57 2001 v.2   468.2'421
                                               QBI94-1490

Table of Contents

Introduction

This book was written for the beginning student; for the person who wants to brush up on Spanish; or for the Spanish speaker who wants to learn how to read and write Spanish. It is for ages ten to adult. Book Two is a continuation of Book One.

There are twelve lessons in the book. Each lesson deals with a common theme, i.e., Breakfast, Telling Time, etc. At the end of the book are two dictionaries: Spanish-English and English-Spanish.

Each lesson is divided into eight parts. First, there is a vocabulary list. Beginning Spanish is included as well as the vocabulary of the particular theme. The definite article is placed in front of each Spanish noun on the list letting the student know whether it is a feminine or masculine noun. Then there is a conversation in order to use the vocabulary in a common situation. Next is a story related to the theme which reinforces the vocabulary and the conversation. The fourth page of each lesson is an exercise that requires choosing a word from the vocabulary list and then writing it in a sentence that is missing that word. The next three pages are a variety of activity pages. At the end of each lesson are the answers to the exercises.

It is recommended that the student do one lesson per week but the pupil can go through the book more rapidly if he or she so desires. The speed at which the student learns Spanish depends on the student. It would be useful to read the conversation and story out loud to gain smoothness.

Also, the student should listen to television in Spanish. In the beginning the pupil should listen to ads, cartoons, and news. It is very important to listen to and speak with Spanish speakers. This will help the student greatly. He or she will be able to practice Spanish and also improve his or her accent. No one is ever going to learn Spanish without practice. Children learn quickly to speak another language. The reason for this is that most children are not bothered by the mistakes they make in speaking. It is important to take advantage of every opportunity to speak.

Teacher's Guide

Each lesson includes the following pages. Below are activities and ideas for each page.

Vocabulary Page
• teacher, student helper, or tutor pronounces the Spanish words and the students repeat
• the words from the vocabulary list can be used for a weekly spelling test
• students write each word three or five times
• students write sentences or a story using the vocabulary words

Conversation Page
• teacher, student helper, or tutor reads the conversation in Spanish and the students repeat
• students read the conversation together each taking a different part

Story Page
• teacher, student helper, or tutor reads one sentence at a time and the students repeat
• students read the story quietly to themselves
• students act out the story putting in their own Spanish dialog

Fill in the Blank and other Activity Pages
• students do these pages on their own
• different students go up to the board to write the answers while the other students correct their work
• students check their work with the **Answer Key**

Puzzle Fun
At the end of the book are puzzles. Each puzzle uses the vocabulary words from two lessons. (The first WordSearch uses vocabulary words from Lessons 1 and 2.) These puzzles provide extra practice for the students.

Related Activities
• in small groups, students make up and put on short skits about the lesson's theme using Spanish dialog
• students draw, paint, or create pictures about the lesson's theme and then explain or discuss their pictures in Spanish
• students talk about their own personal experience as it relates to the lesson's theme
• students write about their own personal experience as it relates to the lesson's theme and then read their stories to the group

Spanish Pronunciation Guide

Spanish is a phonetic language. Most letters in the Spanish alphabet make one sound. Most words are spelled like they are pronounced.

The Spanish alphabet has 30 letters. The underlined letters are not in the English alphabet.

a b c <u>ch</u> d e f g h i j k l <u>ll</u> m n <u>ñ</u> o p q r <u>rr</u> s t u v w x y z

K and **W** are only found in words of foreign origin.

The following is a basic and beginning pronunciation guide. It does not included everything about Spanish pronunciation but enough to get you started.

Spanish Letter		Sound of the Spanish Letter
Vowels		
a	*ah*	like the *a* in **father**
e	*eh*	like the *e* in bed
i	*ee*	like the *i* in police
o	*OH*	like the *o* in **open**
u	*oo*	like the *oo* in **food**
Consonants		
b and v	*Beh* *veh*	makes the sound of *b* as in **big**; makes the sound of *v* as in **vein** when *b* or *v* comes between two vowels
c before a, o , u	*Keh*	makes the sound of *c* as in **can**

c before e, i	makes the sound of *c* as in **c**ircle
ch	makes the sound of *ch* as in **ch**urch
d	makes the sound of *d* as in **d**og; makes the sound of *th* as in **th**ey when the *d* falls between two vowels as in ciu**d**ad
f	makes the sound of *f* as in **f**rank
g before a, o, u	makes the sound of *g* as in **g**um
g before e, i	makes the sound of *h* as in **h**ello
h	is silent as in honest
j	makes the sound of *h* as in **h**ello
k	only used in words of foreign origin
l	similar to the English *l* as in **l**ook
ll	makes a sound of *ll* as in bi**lli**on
m	similar to the English *m* as in **m**y
n	similar to the English *n* as in **n**ight
ñ	makes the sound of *n* as in o**n**ion
p	similar to the English *p* as in **p**ig
qu	similar to the sound of the English *k*
r	The Spanish *r* is not similar to the English *r*. It requires a single flip of the tongue tip against the roof of the mouth. If the *r* is at the beginning of a word or preceded by l, n, or s then the *r* makes a strongly trilled sound.

rr	trilled *r*
s	similar to the English *s*
t	similar to the *t* in **ton**
w	not used in words of Spanish origin
x	similar but not identical to the English *x*
y	makes the sound of *y* as in **sunny**
z	similar to the English *s* sound

Diphthongs

ai, ay	makes the sound of *i* as in **mice**
ei, ey	makes the sound of *ay* as in **lay**
oi, oy	makes the sound of *oy* as in **boy**
au	makes the sound of *ow* as in **cow**

Accent or Stress

The three rules below tell you where to stress or emphasize Spanish words.

1. Stress the last syllable of the word if it ends in any consonant except *n* or *s*.

2. When the last syllable ends in a vowel or *n* or *s* stress the next to the last syllable.

3. If the emphasis does no follow Rules 1 or 2, then an accent mark is used to show which syllable is stressed.

Lección 1 El Almuerzo
Lesson 1 Lunch

Lista de Vocabulario	Vocabulary List
1. hamburguesa	1. hamburger
2. chocolate	2. chocolate
3. pedir	3. to order
4. papas fritas	4. French fries
5. hamburguesa con queso	5. cheeseburger
6. ketchup	6. ketchup
7. batido	7. milkshake
8. encontrar	8. to find
9. mesa	9. table
10. paja	10. straw
11. servilletas	11. napkins
12. coca cola	12. coke

Conversación

1. Enrique, ¿qué quieres comer? (Luz)

2. Quiero una hamburguesa, papas fritas y una coca cola. (Enrique)

3. Anna, ¿qué quieres? (L)

4. Quiero una hamburguesa con queso y papas fritas. (Anna)

5. ¿Qué quieres tomar? (L)

6. Quiero un batido de chocolate. (A)

7. Me meteré en fila para pedir mientras ustedes dos encuentran una mesa (L).

8. O.K. Agarraré el ketchup para nostotros. (E)

9. Agarraré las pajas y servilletas. (A)

Conversation

1. Enrique, what do you want to eat? (Luz)

2. I want a hamburger, French fries, and a coke. (Enrique)

3. Anna, what do you want? (L)

4. I want a cheeseburger and French fries. (Anna)

5. What do you want to drink? (L)

6. I want a chocolate milkshake. (A)

7. I'll stand in line to order while you two find a table. (L)

8. O.K. I'll get the ketchup for us. (E)

9. I'll get the straws and napkins. (A)

2

Historia

Almuerzo en casa

María está en su casa con cuatro de sus hijos para el almuerzo. Es sábado. Miguel, su esposo, está en una práctica de fútbol con dos de sus hijas. Para el almuerzo, María y sus hijos comen sándwiches de mantequilla de cacahuate y mermelada, sopa, zanahorias, leche y naranjas. A María le gusta conversar con sus hijos. No ven la televisión durante el almuerzo. Después del almuerzo, Manuel, el hijo de María que tiene 9 años, lava los platos.

Story

Lunch at Home

Maria is at home with four of her children for lunch. It is a Saturday. Miguel, her husband, is at soccer practice with two of their daughters. For lunch, Maria and her children have peanut butter and jelly sandwiches, soup, carrots, milk, and oranges. Maria likes to talk with her children. They do not watch television during lunch. After lunch, Manuel, her son who is nine years old, does the dishes.

Fill in the Blank * Llene el Espacio

Fill in the blanks using the vocabulary words. Use each word once.

1. Favor de poner la mostaza y el _____ en la mesa.

2. Por favor ayuda a tu hermana a poner los platos en la _____ .

3. ¿Quieres un batido de vainilla o de _____ ?
    milkshake   *Do you want a vanilla milkshake*

4. Por favor ayúdame a _____ las llaves.

5. ¿Qué quieres tomar, una coca cola o un _____ de leche?
    what do you want to drink   *a coke   or milk*

6. ¿Se usa un tenedor para comer _____ ?

7. ¿Qué quieres _____ ?

8. ¿Quieres una _____ para el almuerzo?
    Do you want a

9. ¿Qué clase de soda quieres? Yo quiero una _____ .

10. ¿Quieres una _____ o un sándwich de mantequilla de cacahuate y mermelada?

11. Por favor compra _____ de papel en la tienda.

12. A él le gusta tomar coca cola con una _____ .

4

Nouns and the Definite Article

All nouns ending in *-dad, -tad, -tud, -umbre, -ción*, and *-sión* are feminine. All nouns that end in a consonant form the plural by adding *-es*. For example, *ciudad* becomes *ciudades*.

Complete the following sentences using *la, las, el, los*.

1. _____ dirección está en la mesa.

2. _____ batidos son de chocolate.

3. ¡_____ papas fritas están calientes!

4. _____ ciudad es interesante.

5. _____ universidad es grande.

6. _____ mesa está en la cocina.

7. _____ servilletas son azules.

8. _____ libertad es importante.

Rewrite the following sentences in the plural.

9. La canción es bonita.

_____

10. La hamburguesa está en la mesa.

_____

11. La paja es roja.

_____

12. La condición es mala.

_____

Feminine Nouns Beginning with *a*

Certain feminine nouns that begin with the vowel sound *a* use the masculine definite article *el* when the first syllable is stressed. It would be difficult to pronounce the two vowels together if the definite article *la* were used. In the plural the article *las* is used. The words are always considered feminine.

Rewrite the following sentences in the singular.

1. Las áreas están cercas.

   _____

2. Las hachas están en la casa.

   _____

3. Los hermanos están en la escuela.

   _____

4. Las alas son bonitas.

   _____

5. Las águilas son grandes.

   _____

6. Los exámenes son difíciles.

   _____

7. Las armas son peligrosas.

   _____

8. Las aguas están sucias.

   _____

Masculine Nouns Ending in *-a*

There are some masculine nouns that end in *a*. Many nouns ending in *-ista* refer to professions and are masculine when referring to a male.

el mapa map	el día day	el poema poem
el clima climate	el programa program	el dentista dentist
el novelista novelist	el periodista journalist	el dietista dietist
el sistema system	el tema theme	el drama play

Complete the following sentences with a word from the box. Use each word once.

1. _____ _____ escribe muchas novelas.

2. El pueblo no está en _____ _____ .

3. _____ _____ de televisión empieza a las ocho.

4. _____ _____ es miércoles.

5. _____ _____ en la isla es tropical.

6. _____ _____ escribe muchos artículos para las revistas.

7. _____ _____trabaja cerca de su casa.

8. _____ _____sabe mucho acerca de la nutrición.

9. _____ _____ es muy bonito.

10. _____ _____ tiene lugar en la escuela.

11. _____ _____ del gobierno necesita cambiar.

12. _____ _____ del libro es muy interesante.

Answer Key * Las Respuestas

Fill in the Blank * Llene el Espacio (page 4)
1. ketchup
2. mesa
3. chocolate
4. encontrar
5. batido
6. papas fritas
7. pedir
8. hamburguesa con queso
9. coca cola
10. hamburguesa
11. servilletas
12. paja

Nouns and the Definite Article (page 5)
1. La
2. Los
3. Las
4. La
5. La
6. La
7. Las
8. La
9. Las canciones son bonitas.
10. Las hamburguesas están en la mesa.
11. Las pajas son rojas.
12. Las condiciones son malas.

Feminine Nouns Beginning with *a* (page 6)
1. El área está cerca.
2. El hacha está en la casa.
3. El hermano está en la escuela.
4. El ala es bonita.
5. El águila es grande.
6. El examen es difícil.
7. El arma es peligrosa.
8. El agua está sucia.

Masculine Nouns Ending in *-a* (page 7)

1.	El novelista	7.	El dentista
2.	el mapa	8.	El dietista
3.	El programa	9.	El poema
4.	El día	10.	El drama
5.	El clima	11.	El sistema
6.	El periodista	12.	El tema

Lección 2 La Cena
Lesson 2 Dinner

Lista de Vocabulario	Vocabulary List
1. menú	1. menu
2. tener hambre	2. hungry
3. tener sed	3. thirsty
4. cocinar	4. to cook
5. cerveza	5. beer
6. agua	6. water
7. pan	7. bread
8. ensalada	8. salad
9. bistec	9. steak
10. traer	10. to bring
11. baño	11. restroom
12. pasta	12. pasta

Conversación

1. José, ¡este es un restaurante muy bonito! (Luz)

2. Sí que lo es, Luz. (José)

3. Hola, mi nombre es Lucy. Soy su mesera. Aquí tienen el menú. (mesera)

4. Gracias. (L)

5. ¿Qué desean tomar? (m)

6. Tengo sed. Voy a tomar una cerveza. (J)

7. Yo quiero agua. (L)

8. Traeré pan con sus bebidas. ¿Qué desean comer? (m)

9. Yo quiero pasta con una ensalada. (L)

10. Yo quiero un bistec con un plato de sopa. ¿Dónde está el baño? (J)

11. Está allá. (m)

Conversation

1. Jose, isn't this a pretty restaurant! (Luz)

2. Yes, Luz. It is. (Jose)

3. Hello, my name is Lucy. I will be your waitress. Here is a menu. (waitress)

4. Thank you. (L)

5. What do you want to drink? (W)

6. I'm thirsty. I will have a beer. (J)

7. I'll have water. (L)

8. I'll bring some bread with your drinks. What do you want to eat? (w)

9. I want the pasta with a salad. (L)

10. I want the steak with a bowl of soup. Where is the restroom? (J)

11. It's over there. (w)

Historia

Cena en casa de María

Miguel prepara la cena. Él cocina sopa de bistec. También hace ensalada y pan. María regresa del trabajo a las 6 en punto. La familia cena a las 7 en punto. Los niños beben leche. Miguel y María beben agua. A la familia le gusta la sopa, la ensalada y el pan. Durante la cena, ellos hablan sobre la escuela y el trabajo. Después de la cena, Manuel y su hermana Marta hacen la limpieza. Catalina va a práctica de fútbol. Los otros niños juegan con el bebé.

Story

Dinner at Maria's House

Miguel cooks dinner. He cooks steak soup. He also makes salad and bread. Maria comes home from work at 6 o'clock. The family eats dinner at 7 o'clock. The children drink milk. Miguel and Maria drink water. The family likes the soup, salad, and bread. At dinner, they talk about school and work. After dinner, Manuel and his sister, Marta clean-up. Catalina goes to soccer practice. The other children play with the baby.

Fill in the Blank * Llene el Espacio

Fill in the blanks using the vocabulary words. Use each word once.

1. Necesito un _____ para encontrar que quiero pedir.

2. Su hermano la va a _____a casa.

3. A ella le gusta el _____ con mermelada.

4. Es la hora de comer. ¿ _____ ?

5. Quiero una _____ de verduras para el almuerzo.

6. A ella no le gusta beber _____ por la mañana.

7. Mi padre quiere _____ la hamburguesa.

8. La familia quiere _____ para cenar.

9. ¿Quieres una hamburguesa o un _____ para cenar?

10. Si tomas tres tazas de agua, necesitarás ir al

_____ .

11. María quiere leche. Ella _____ .

12. No tenemos leche. Toma una taza de _____ .

Nouns Ending in *-e*

Many nouns ending in *-nte* refer to people and the gender of the noun is determined by the sex of the person. Most nouns ending in *-e* are masculine. Below are some common nouns that end with *-e* but are feminine.

la calle street	la clase class	la noche night
la llave key	la leche milk	la suerte luck

Rewrite the following sentences in the plural.

1. La cantante no está aquí.

   _____

2. El coche es rojo.

   _____

3. El parque tiene muchas flores.

   _____

4. El estudiante está en la biblioteca.

   _____

5. La llave está en la puerta.

   _____

6. El postre es delicioso.

   _____

7. La calle es ancha.

   _____

8. La noche es fría.

   _____

The Definite Article

The definite article is used with all general or abstract nouns. The definite article can mean *on* when used with the days of the week.

Complete the following sentences with the correct definite article: *el, la, los, las*.

1. Comemos pasta _____ sábados.

2. _____ perros son animales domésticos.

3. _____ martes es el tercer día de la semana.

4. _____ oro es un mineral.

5. _____ matemáticas son importantes.

6. _____ lunes es el segundo día de la semana.

7. _____ ensalada tiene muchos tomates.

8. _____ viernes es mi día favorito de la semana.

9. _____ vida es dura.

10. _____ otoño es mi estación favorita.

11. _____ gallinas producen huevos.

12. Mi hermano mayor cocina _____ miércoles.

13. Mi familia va a la iglesia _____ domingo.

Cardinal Numbers

once 11	doce 12	trece 13	catorce 14
quince 15	dieciséis 16	diecisiete 17	dieciocho 18
diecinueve 19	veinte 20	veintiuno 21	veintidós 22
veintitrés 23	veinticuatro 24	veinticinco 25	veintiséis 26
veintisiete 27	veintiocho 28	veintinueve 29	treinta 30
treinta y uno 31	cuarenta y dos 42	cincuenta y tres 53	sesenta y cuatro 64
setenta y cinco 75	ochenta y seis 86	noventa y siete 97	cien (ciento) 100

Write the following sentences in Spanish.

1. I have one hundred straws.

   _____

2. I need twenty-five blue napkins.

   _____

3. The girls order fifteen cheeseburgers.

   _____

4. The boy finds twenty dollars in the street.

   _____

5. Maria's mother cooks pasta for fifty people.

   _____

6. Jose brings twelve bottles of beer.

   _____

7. The baby sleeps eleven hours every night.

   _____

8. The daughter lives thirty-five miles from her parents.

   _____

Answer Key * Las Respuestas

Fill in the Blank * Llene el Espacio (page 12)

1.	menú	7.	cocinar
2.	traer	8.	pasta
3.	pan	9.	bistec
4.	Tienes hambre	10.	baño
5.	ensalada	11.	tiene sed
6.	cerveza	12.	agua

Nouns Ending in *-e* (page 13)

1. Las cantantes no están aquí.
2. Los coches son rojos.
3. Los parques tienen muchas flores.
4. Los estudianes están en la biblioteca.
5. Las llaves están en la puerta.
6. Los postres son deliciosos.
7. Las calles son anchas.
8. Las noches son frías.

The Definite Article (page 14)

1.	los	8.	El
2.	Los	9.	La
3.	El	10.	El
4.	El	11.	Las
5.	Las	12.	los
6.	El	13.	el
7.	La		

Cardinal Numbers (page 15)

1. Tengo cien pajas.
2. Necesito veinticinco servilletas azules.
3. Las muchachas piden quince hamburguesas con queso.
4. El muchacho encuentra veinte dólares en la calle.
5. La madre de María cocina pasta para cincuenta personas.
6. José trae doce botellas de cerveza.
7. El bebé duerme once horas cada noche.
8. La hija vive a treinta y cinco millas de sus padres.

Lección 3 Ir de Compras
Lesson 3 Shopping

Lista de Vocabulario	Vocabulary List
1. comprar	1. to buy
2. zapatos	2. shoes
3. necesitar	3. to need
4. blusa	4. blouse
5. camisa	5. shirt
6. vendedor	6. salesperson
7. ¿Cuánto cuesta(n)?	7. How much?
8. pantalones de mezclilla	8. jeans
9. chaqueta	9. jacket
10. caro(a)	10. expensive
11. falda	11. skirt
12. talla	12. size

Conversación

1. Vamos de compras. (Luz)

2. Yo necesito una falda y una blusa nuevas. (Anna)

3. Yo necesito una falda y una blusa nuevas. (Enrique)

4. Me gusta esta falda roja. ¿Cuánto cuesta? (A)

5. Cuesta $24.00. (vendedor)

6. ¡Esta falda está cara! (E)

7. Enrique, estos pantalones son de tu talla. (L)

8. ¿Cuánto cuestan estos pantalones? (E)

9. Cuestan $14.00. (v)

10. ¿Dónde están las chaquetas? (E)

11. Están en el segundo piso. (v)

Conversation

1. Let's go shopping. (Luz)

2. I need a new skirt and blouse. (Anna)

3. I need jeans and a jacket. (Enrique)

4. I like this red skirt. How much is it? (A)

5. It is $24.00. (salesperson)

6. That skirt is expensive! (E)

7. Enrique, these pants are your size. (L)

8. How much are these pants? (E)

9. They are $14.00. (s)

10. Where are the jackets? (E)

11. They are on the second floor. (s)

Historia

Compra de zapatos

María y Raúl van a comprar zapatos. Raúl necesita zapatos para la escuela. Van a la zapatería del centro comercial. La tienda está al lado de Burger King. Primero almuerzan. Luego van a comprar zapatos. Hay mucha gente en la tienda. María y Raúl ven los zapatos. Raúl escoge un par que le gusta. Se sientan y esperan a una vendedora. La vendedora mide el pie de Raúl. La vendedora trae un par de zapatos negros. Los zapatos le quedan a Raúl. A Raúl le gusta su nuevo par de zapatos.

Story

Shopping for Shoes

Maria and Raul go shopping for shoes. Raul needs shoes for school. They go to the shoe store in the shopping mall. The store is next to Burger King. First, they eat lunch. Then they go to buy shoes. There are many people in the store. Maria and Raul look at the shoes. Raul picks out a pair he likes. They sit down and wait for a salesperson. The salesperson measures Raul's foot. The salesperson brings out a pair of black shoes. The shoes fit. Raul likes his new pair of shoes.

Fill in the Blank * Llene el Espacio

Fill in the blanks using the vocabulary words. Use each word once.

1. La _____azul de mi hermano está demasiada grande para mí.

2. Tus _____ son de mi talla.

3. ¿Qué _____ son?

4. Todos mis hermanos y hermanas tienen _____ negros.

5. Hace frío. Necesitas una _____ .

6. Él va a _____ un carro nuevo.

7. ¿ _____cuesta?

8. Es demasiado _____ .

9. Él no _____ un carro nuevo.

10. La _____ es muy bonita.

11. Ella tiene una _____ roja.

12. Su blusa es roja. Su _____ también.

20

Cardinal Numbers

doscientos 200	trescientos 300	cuatrocientos 400	quinientos 500
seiscientos 600	setecientos 700	ochocientos 800	novecientos 900
mil 1000	dos mil 2000	cinco mil 5000	mil once 1011

When writing large numbers *y* is used only between the tens and ones digits. The word *mil* is never pluralized. The word *mil* is never preceded by *un*.

ciento cuarenta y siete 147	trescientos ochenta y dos 382
quinientos sesenta y nueve 569	setecientos noventa y cuatro 794
novecientos cincuenta y uno 951	dos mil 2000
cinco mil 5000	nueve mil 9000
mil trescientos ochenta y cinco 1385	mil seiscientos once 1611
mil novecientos setenta y tres 1973	mil quinientos cuatro 1504

Un is used with *millón* and *billón*. *Millón* and *billón* are pluralized.

un millón 1,000,000	dos millones 2,000,000	cinco millones 5,000,000
un billón 1,000,000,000	cuatro billones 4,000,000,000	ocho billones 8,000,000,000

Write the following numbers in Spanish.

1. 8 _____

2. 15 _____

3. 18 _____

4. 47 _____

5. 71 _____

6. 99 _____

7. 108 _____

8. 129 _____

9. 587 _____

10. 911 _____

11. 2001 _____

12. 1492 _____

13. 1,000,000 _____

14. 2,000,000,000 _____

Ordinal Numbers

Ordinal numbers are less frequently used in Spanish than in English. The ordinal numbers beyond the tenth are very seldom used. Ordinal numbers agree in gender and number with the nouns they modify. *Primero* and *tercero* are shortened before a masculine singular noun. They become *primer* and *tercer*.

primero first	segundo second
tercero third	cuarto fourth
quinto fifth	sexto sixth
séptimo seventh	octavo eighth
noveno ninth	décimo tenth

Write the following sentence in Spanish.

1. The third blouse is blue.

   _____

2. I like the first skirt.

   _____

3. September is the ninth month of the year.

   _____

4. This is my fourth coke.

   _____

5. June is the sixth month of the year.

   _____

6. The first boy in line is the oldest.

   _____

7. The third book is my favorite.

   _____

Demonstrative Adjectives

The demonstrative adjective *este* is *this* in English. It has four forms.

| este zapato | estos zapatos | esta blusa | estas blusas |

There are two ways to express the demonstrative adjective *that* in Spanish. *Ese* is used when the object is near the person spoken to but not the speaker. *Aquel* is used when the object is far from both the person spoken to and the speaker.

| ese carro | esos carros | esa chaqueta | esas chaquetas |
| aquel postre | aquellos postres | aquella falda | aquellas faldas |

Rewrite the following sentences in the singular.

1. Aquellas blusas son muy bonitas.

   _____

2. Esas camisas son nuevas.

   _____

3. Esos libros son interesantes.

   _____

4. Estos carros están sucios.

   _____

5. Aquellos zapatos son verdes.

   _____

6. Estas faldas son caras.

   _____

7. Estos mapas son viejos.

   _____

Answer Key * Las Respuestas

Fill in the Blank * Llene el Espacio (page 20)
1. camisa
2. pantalones de mezclilla
3. talla
4. zapatos
5. chaqueta
6. comprar
7. Cuánto
8. caro
9. necesita
10. vendedora
11. blusa
12. falda

Cardinal Numbers (page 21)
1. ocho
2. quince
3. dieciocho
4. cuarenta y siete
5. setenta y uno
6. noventa y nueve
7. ciento ocho
8. ciento veintinueve
9. quinientos ochenta y siete
10. novecientos once
11. dos mil uno
12. mil cuatrocientos noventa y dos
13. un millón
14. dos billones

Ordinal Numbers (page 22)
1. La tercera blusa es azul.
2. Me gusta la primera falda.
3. Septiembre es el noveno mes del año.
4. Esta es mi cuarta coca cola.
5. Junio es el sexto mes del año.
6. El primer muchacho en fila es el mayor.
7. El tercer libro es mi favorito.

Demonstrative Adjectives (page 23)
1. Azuella blusa es muy bonita.
2. Esa camisa es nueva.
3. Ese libro es interesante.
4. Este carro está sucio.
5. Aquel zapato es verde.
6. Esta falda es cara.
7. Este mapa es viejo.

Lección 4 El Tiempo
Lesson 4 Weather

Lista de Vocabulario	Vocabulary List
1. cálido	1. warm
2. nublado	2. cloudy
3. soleado	3. sunny
4. ponerse	4. to wear
5. lluvia	5. rain
6. ¿Quién?	6. Who?
7. mucho viento	7. windy
8. frío	8. cold
9. paraguas	9. umbrella
10. llevar	10. to take
11. guantes	11. gloves
12. botas	12. boots

Conversación

1. Hoy hace frío. Necesitas ponerte una chaqueta para ir a la escuela. (María)

2. No quiero ponerme una chamarra. (Raúl)

3. Parece que va a llover. Necesitas llevar un paraguas. (Ma)

4. ¿Dónde está mi paraguas? (R)

5. Yo quiero ponerme mis botas. (Manuel)

6. Está bien. Están en el armario. (Ma)

7. ¿Dónde están mis guantes? (M)

8. No hace tanto frío. (Ma)

9. Ayer estaba cálido y soleado. Hoy está frío y nublado. (R)

10. Aquí están tus libros y tarea. No brinques en los charcos de camino a la escuela. (Ma)

Conversation

1. It is cold today. You need to wear a jacket to school. (Maria)

2. I don't want to wear a jacket. (Raul)

3. It looks like rain. You need to take an umbrella. (Ma)

4. Where is my umbrella? (R)

5. I want to wear my boots. (Manuel)

6. OK. They are in the closet. (Ma)

7. Where are my gloves? (M)

8. It is not that cold. (Ma)

9. Yesterday it was warm and sunny. Today it is cold and cloudy. (R)

10. Here are your books and homework. Don't jump in the puddles on your way to school. (Ma)

Historia

En campamento

La familia de José está acampando. Hoy el día es cálido y soleado. Los niños usan sus trajes de baño y juegan en el agua. Ellos llevan sus toallas al lago. Ana encuentra lindas rocas en el lago. José usa una gorra y Luz usa un sombrero. Todos se pusieron bloqueador solar. A Luz le gusta el clima cálido y soleado. Ellos se sientan bajo su sombrilla. El agua es fría pero el sol está caliente. Almuerzan y beben sodas frías. Ayer estaba nublado y con mucho viento. José está contento de que no llovió. A todos les gusta el clima cálido y soleado cuando están en el lago.

Story

Camping

Jose's family is camping. Today it is warm and sunny. The children wear their bathing suits and play in the water. They take towels to the lake. Ana finds pretty rocks at the lake. Jose wears a cap and Luz wears a hat. Everyone wears sunscreen. Luz likes warm and sunny weather. They sit under their sun umbrella. The water is cold but the sun is hot. They eat lunch and drink cold sodas. Yesterday it was cloudy and windy. Jose is glad that it did not rain. Everyone likes warm and sunny weather when they are at the lake.

Fill in the Blank * Llene el Espacio

Fill in the blanks using the vocabulary words. Use each word once.

1. Mi nariz está roja de _____.

2. La _____ verdea el zacate.

3. Ella quiere _____ su vestido nuevo.

4. Me encanta un _____ día de verano.

5. Está _____. Va a llover.

6. ¿Se usan _____ en los pies?

7. ¿Se usan _____ en las manos?

8. Su _____ es negro.

9. ¿ _____ quiere hamburguesas?

10. Nos gusta jugar cuando está _____.

11. Quiero estar en casa cuando hace frío y

_____.

12. Por favor _____ a casa.

Verbs

In Spanish, subject pronouns such as *I, you, he*, are relatively unimportant. It is the ending of the verb that indicates the doer of the action. In Spanish the verb ending changes in order to indicate the tense of the verb.

In Spanish, there are four ways to express the pronoun *you*.

tú	when addressing a friend, relative, or close associate
Ud. (abbreviation for Usted)	when addressing someone you do not know well or someone older
Uds. (abbreviation for Ustedes)	when addressing two or more people, either friends or mere acquaintances
Vosotros	when addressing two or more friends, but is only used in Spain

Present Tense/Regular First Conjugation Verbs

Regular first conjugation verbs are verbs that end in *-ar*. To form the present tense of *-ar* verbs the infinitive ending *-ar* is dropped. To the root are added the personal endings.

yo (I)	-o	nosotros (we)	-amos
tú (you)	-as	vosotros (you plural)	-áis
él, ella, Ud, (he, she, you)	-a	ellos, ellas, Uds. (they masculine, they feminine, you plural)	-an

Use the words in the box to complete the sentences. Use the correct personal ending of the present tense.

comprar (to buy)	hablar (to speak)	mirar (to look at)
cocinar (to cook)	tomar (to drink)	necesitar (to need)

1. Mis amigas _____ español.

2. Tu mamá _____ veinte servilletas azules.

3. Tú _____ mucho café con leche.

4. Mi hermano y yo _____ vestidos azules.

5. Yo _____ la televisión.

6. Mi abuelo _____ la cena cada noche.

Verbs/Present Tense
Regular First Conjugation Verbs

Rewrite the following sentences in the singular.

1. Ellos miran el mapa de los Estados Unidos.

   _____

2. Los niños toman la cena a las seis.

   _____

3. Los muchachos compran chaquetas muy caras.

   _____

4. Nosotros necesitamos zapatos nuevos.

   _____

5. Uds. cocinan comida deliciosa.

   _____

Rewrite the following sentences in the plural.

6. Yo compro botas para la lluvia.

   _____

7. Ella mira la lluvia por la ventana.

   _____

8. Tú hablas al doctor por teléfono.

   _____

9. El papá cocina hamburguesas para la cena.

   _____

Verbs/Present Tense
Irregular Verbs

There are many irregular verbs. *Ir*, *dar*, and *estar* are irregular in the first person singular (yo) in the present tense. All other forms are the same as those for regular *-ar* verbs.

ir – voy, vas, va, vamos, vais, van
dar – doy, das, da, damos, dais, dan
estar – estoy, estás, está, estamos, estáis, están.

Rewrite the following sentences in the singular (yo).

1. Vamos al cine.

   _____

2. Damos los guantes a los niños.

   _____

3. Estamos en la casa.

   _____

4. Vamos al baño.

   _____

5. Estamos enfermos.

   _____

Write the following sentences in Spanish.

6. I give my umbrella to my sister.

   _____

7. The boots in the garden are dirty.

   _____

8. The green skirts are on the table.

   _____

Answer Key * Las Respuestas

Fill in the Blank * Llene el Espacio (page 28)

1. frío
2. lluvia
3. ponerse
4. cálido
5. nublado
6. botas
7. guantes
8. paraguas
9. Quién
10. soleado
11. mucho viento
12. llevame

Verbs (page 29)

1. hablan
2. necesita
3. tomas
4. compramos
5. miro
6. cocina

Verbs/Present Tense - Regular First Conjugation Verbs (page 30)

1. Él mira el mapa de los Estados Unidos.
2. El niño toma la cena a las seis.
3. El muchacho compra chaquetas muy caras.
4. Yo necesito zapatos nuevos.
5. Tú cocinas comida deliciosa.
6. Nosotros compramos botas para la lluvia.
7. Ellas miran la lluvia por la ventana.
8. Ustedes hablan al doctor por teléfono.
9. Los papás cocinan hamburguesas para la cena.

Verbs/Present Tense - Irregular Verbs (page 31)

1. Voy al cine.
2. Doy los guantes a los niños.
3. Estoy en la casa.
4. Voy al baño.
5. Estoy enfermo(a).
6. Doy mi paraguas a mi hermana.
7. Las botas en el jardín están sucias.
8. Las faldas verdes están en la mesa.

Lección 5 Animales Domésticos
Lesson 5 Pets

Lista de Vocabulario	Vocabulary List
1. perro	1. dog
2. gato	2. cat
3. tienda de mascotas	3. pet store
4. alimentar	4. to feed
5. cepillar	5. to brush
6. provisiones	6. supplies
7. gatito	7. kitten
8. grande	8. big
9. collar	9. collar
10. cachorro	10. puppy
11. correa	11. leash
12. porque	12. because

Conversación

1. ¡El sábado vamos a conseguir nuestro cachorro nuevo! (Enrique)

2. Será divertido tener un perro. (José)

3. Tendremos que cuidar bien a nuestro perro. (E)

4. Vamos a la tienda de mascotas para comprar provisiones. (J)

5. Necesitaremos dos tazones, una para agua y el otro para alimento. También necesitaremos una correa y un collar. (E)

6. No olvidemos comprar alimento y una cama para él. (J)

7. No olvides un cepillo y un peine. Necesitamos cepillarlo una vez a la semana. (Ana)

8. Ése será un buen trabajo para ti. (E)

Conversation

1. On Saturday we get our new puppy! (Enrique)

2. It will be fun to have a dog. (Jose)

3. We will need to take good care of our dog. (E)

4. Let's go to the pet store to buy supplies. (J)

5. We will need two bowls, one for water and the other for food. We will also need a leash and collar. (E)

6. Let's not forget to buy food and a bed for it. (J)

7. Don't forget a brush and comb. We need to comb it once a week. (Ana)

8. That will be a good job for you. (E)

Historia

Gordo, el gato

María tiene un gato que se llama Gordo. Es un gato gordo. Lo consiguió cuando era un gatito, pero entonces también se veía gordo. Se ve gordo porque tiene tanto pelo. María lo alimenta en la mañana antes de ir al trabajo. También lo cepilla. Los niños de María también quieren tener un perro pequeño. María piensa que los perros son más difíciles de cuidar. Conseguirá un perro cuando sus niños sean mayores porque podrán ayudar a alimentar y a cuidar las mascotas. Los gatos y los perros son mucho trabajo, pero pueden ser cariñosos y divertidos.

Story

Gordo the Cat

Maria has a cat named Gordo. He is a big cat. She got him when he was a kitten, but he looked fat then too. He looks fat because he has so much hair. Maria feeds him in the morning before she goes to work. She also brushes him. Maria's children want to have a small dog too. She thinks dogs are harder to take care of. She will get a dog when her children are older because they can help to feed and care for the pets. Cats and dogs are lots of work, but they can be loving and fun.

Fill in the Blank * Llene el Espacio

Fill in the blanks using the vocabulary words. Use each word once.

1. Nuestro _____ nuevo es el hermano del perro de José.

2. _____ a mi perro por las mañanas.

3. María tenía a Gordo desde que él era _____.

4. Pablo trabaja _____ necesita ganar dinero.

5. No es buena idea tocar un _____ que tú no conoces.

6. En el parque, hay que tener al perro con _____.

7. Mi _____ es pequeño y tiene ojos verdes y bonitos.

8. José pone la correa en el _____ de su perro.

9. ¿Se puede comprar peces en la _____?

10. Luz _____ su cabello antes de ir al trabajo.

11. José no querrá comer la cena si come un almuerzo _____.

12. ¿Qué tipo de _____ necesitamos para el viaje?

Verbs/Present Tense
Regular Second Conjugation Verbs

Regular second conjugation verbs are verbs that end in *-er*. To form the present tense of *-er* verbs the infinitive ending *-er* is dropped. To the root are added the personal endings.

yo (I)	-o	tú (you)	-es
él, ella, Ud, (he, she, you)	-e	nosotros (we)	-emos
vosotros (you plural)	-éis	ellos, ellas, Uds. (they masculine, they feminine, you plural)	-en

Use the words in the box to complete the sentences. Use the correct personal ending.

aprender (to learn)	beber (to drink)	comer (to eat)
correr (to run)	leer (to read)	ver (to see)

1. Mi perro _____ en el parque.

2. Mis gatos _____ la leche cada día.

3. Tú _____ muchos libros en la biblioteca.

4. Mi hermana y yo _____ español.

5. Yo _____ huevos y pan para el desayuno.

6. Mi abuela _____ el periódico cada noche.

7. Los gatitos _____ la comida por la mañana.

8. Mi amigo y yo _____ mucha agua.

9. Yo _____ flores en las montañas.

10. Los cachorros _____ un gato en el jardín.

Verbs/Present Tense
Regular Third Conjugation Verbs

Regular third conjugation verbs are verbs that end in *-ir*. To form the present tense of *-ir* verbs the infinitive ending *-ir* is dropped. To the root are added the personal endings.

yo (I)	-o	tú (you)	-es
él, ella, Ud, (he, she, you)	-e	nosotros (we)	-imos
vosotros (you plural)	-ís	ellos, ellas, Uds. (they masculine, they feminine, you plural)	-en

Use the words in the box to complete the sentences. Use the correct personal ending.

abrir (to open)	escribir (to write)	vivir (to live)
subir (to climb, raise)	salir (to go out)	recibir (to receive)

1. Ella _____ la tienda de mascotas a las diez por la mañana.

2. El muchacho _____ el autobús por la tarde.

3. Yo _____ una carta a mi abuela.

4. ¿ _____ tú cerca del parque?

5. Mi amiga y yo _____ la escalera.

6. Yo _____ muchos paquetes por correo.

7. Tú no _____ el libro porque estás enfermo.

8. Mi hermano _____ un cachorro para el cumpleaños.

9. Nosotros _____ en una casa grande.

10. Mis padres _____ a cenar fuera.

Verbs/Present Tense
Irregular Verbs

There are many irregular verbs. *Poner, hacer, traer, salir* are irregular in the first person singular (yo) in the present tense. All other personal endings are the same as those for regular *-er* and -ir verbs.

poner (to put) – pongo, pones, pone, ponemos, ponéis, ponen
hacer (to do) – hago, haces, hace, hacemos, hacéis, hacen
traer (to bring) – traigo, traes, trae, traemos, traéis, traen
salir (to leave) – salgo, sales, sale, salimos, salís, salen

Rewrite the following sentences in the singular (yo).

1. Salimos para la tienda de mascotas.

   _____

2. Traemos las paraguas.

   _____

3. Hacemos mucho trabajo.

   _____

4. Ponemos la mesa.

   _____

5. Salimos a tiempo para la escuela cada día.

   _____

Fill in the blank with the correct form of the indicated verb.

6. Ellos _____ una correa para el perro. (traer)

7. Tú _____ demasiado en la bolsa. (poner)

8. Carlos _____ en seguida. (salir)

9. Mis hermanas _____ sus tareas. (hacer)

Answer Key * Las Respuestas

Fill in the Blank * Llene el Espacio (page 36)

1. cachorro
2. Alimento
3. gatito
4. porque
5. perro
6. correa
7. gato
8. collar
9. tienda de mascotas
10. cepilla
11. grande
12. provisiones

Verbs/Present Tense - Regular Second Conjugation Verbs (page 37)

1. corre
2. beben
3. lees
4. aprendemos
5. como
6. lee
7. comen
8. bebemos
9. veo
10. ven

Verbs/Present Tense - Regular Third Conjugation Verbs (page 38)

1. abre
2. sube
3. escribo
4. Vives
5. subimos
6. recibo
7. escribes
8. recibe
9. vivimos
10. salen

Verbs/Present Tense – Irregular Verbs (page 39)

1. Salgo para la tienda de mascotas.
2. Traigo las paraguas.
3. Hago mucho trabajo.
4. Pongo la mesa.
5. Salgo a tiempo para la escuela cada día.
6. traen
7. pones
8. sale
9. hacen

Lección 6 Deportes
Lesson 6 Sports

Lista de Vocabulario

1. juego
2. equipo
3. gol
4. correr
5. campo
6. jonrón
7. entrenador
8. fútbol
9. béisbol
10. batear
11. animar
12. uniforme

Vocabulary List

1. game
2. team
3. goal
4. to run
5. field
6. home run
7. coach
8. soccer
9. baseball
10. to bat
11. cheer
12. uniform

Conversación

1. Mamá, ¿dónde están mis pantaloncillos de fútbol? (Catalina)

2. Están en el armario con tus tenis de fútbol y tus calcetines. (María)

3. Catalina, ¿cuántos goles vas a anotar en este juego? (Manuel)

4. Manuel, ¿vas a venir al juego? (C)

5. Sí, me gusta verte. ¡Puedes correr tan rápido! (M)

6. Necesitas mucha energía para correr por el campo. (C)

7. ¿Te llamó el entrenador sobre la práctica? (Ma)

8. Sí, tenemos una práctica el miércoles en la noche. (C)

9. No se te olvide el agua. (M)

10. Mejor vámonos o llegaremos tarde al juego. (Ma)

Conversation

1. Mother, where are my soccer shorts? (Catalina)

2. They are in the closet with your soccer shoes and socks. (Maria)

3. Catalina, how many goals are you going to kick in this game? (Manuel)

4. Manuel, are you coming to the game? (C)

5. Yes, I like watching you. You can run so fast! (M)

6. You need a lot of energy to run down the field. (C)

7. Did the coach call you about practice? (Ma)

8. Yes, we have a practice on Wednesday night. (C)

9. Don't forget your water. (M)

10. We better go or we will be late for the game. (Ma)

Historia

El juego de béisbol

En la primavera, Enrique juega béisbol. Tiene un juego cada sábado. José, el papá de Enrique, es el entrenador. Hay quince niños en su equipo. Enrique juega parador en corto. Puede tirar rápido la pelota. Le gusta tirarla a su amigo en primera base. Enrique ha ayudado a hacer muchos *outs*. A veces, cuando la tira a primera, entonces su amigo la tira a segunda y se hace una jugada doble. ¡Siempre es emocionante! A Enrique le gusta batear. A veces hace un jonrón. El uniforme de Enrique es azul y blanco. El nombre de su equipo es *Blue Seahawks*. Su mamá, hermanos y hermanas también van a los juegos. Le gusta cuando lo animan. Después de los juegos, siempre hay un refrigerio. Cuando le toca llevar refrigerios, lleva bebidas y papitas para todos sus compañeros del equipo. Enrique tiene práctica de béisbol los jueves en la noche. También practica en la casa con su mamá, quien juega con él a atrapar la pelota. El béisbol es divertido para Enrique.

Story

The Baseball Game

In the spring, Enrique plays baseball. He has a game every Saturday. Jose, Enrique's father, is the coach. There are fifteen kids on his team. Enrique plays short stop. Enrique can throw the ball fast. He likes throwing it to his friend at first base. Enrique has helped to make a lot of outs. Sometimes when he throws it to first, his friend then throws it to second and a double play is made. That's always exciting! Enrique likes to bat. Sometimes he hits a home run. Enrique's uniform is blue and white. Their team name is the Blue Seahawks. His mother, brothers and sisters also come to the games. He likes when they cheer for him. After the games, there is always a snack. When it's his turn for snacks, he brings drinks and chips for all of his teammates. Enrique has baseball practice on Thursday evenings. He also practices at home with his mother who plays catch with him. Baseball is fun for Enrique.

Fill in the Blank * Llene el Espacio

Fill in the blanks using the vocabulary words. Use each word once.

1. Me visto en un _____ azul y blanco para ir a la escuela.

2. Para jugar _____, hay que patear la pelota con los pies.

3. Ella puede _____ más rápido que todos sus amigos.

4. ¿Quién es el _____ de su equipo?

5. Un _____ es cuando el bateador corre las cuatro bases después de un batazo.

6. Vamos a jugar un _____ de naipes.

7. ¿Anotaste un _____ en el juego de fútbol?

8. Es mi turno para _____ la pelota.

9. ¿Cuántas personas hay en un _____ de béisbol?

10. _____ es un juego con cuatro bases.

11. A la gente le gusta _____ cuando su equipo favorito gana.

12. Hay un _____ grande y abierto cerca de la escuela.

Verbs
Imperfect Tense

The imperfect tense is used to express continuance, to express those actions in the past which are either customary or habitual, and to express description in the past.

Regular -ar Verbs

To form the imperfect tense of -ar verbs the infinitive ending -ar is dropped. To the root are added the personal endings.

yo (I)	-aba	tú (you)	-abas
él, ella, Ud, (he, she, you)	-aba	nosotros (we)	-ábamos
vosotros (you plural)	-ábais	ellos, ellas, Uds. (they masculine, they feminine, you plural)	-aban

Rewrite the following sentences in the imperfect.

1. Yo bateo en los juegos.

   _____

2. Ella anima para nuestro equipo.

   _____

3. Mi amiga y yo andamos el perro en el parque.

   _____

4. Tú trabajas mucho en la tienda.

   _____

5. Ellos hablan con su abuela cada sábado.

   _____

6. Mi hermana compra faldas azules para la escuela.

   _____

Verbs
Imperfect Tense
Regular *-er* and *-ir* Verbs

The imperfect tense of *-er* and *-ir* verbs is the same. To form the imperfect tense of *-er* and *-ir* verbs the infinitive ending is dropped and the personal ending is added to the stem.

yo (I)	-ía	tú (you)	-ías
él, ella, Ud, (he, she, you)	ía	nosotros (we)	-íamos
vosotros (you plural)	-íais	ellos, ellas, Uds. (they masculine, they feminine, you plural)	-ían

Rewrite the following sentences in the imperfect.

1. El entrenador siempre come en aquel restaurante.

   _____

2. El equipo corre en el parque cada día.

   _____

3. Los niños leen libros de fútbol a menudo.

   _____

4. Tú a veces recibes regalos por correo.

   _____

5. Mi amiga y yo salimos todos los sábados.

   _____

6. Yo aprendo mucho en la escuela.

   _____

7. Marta sabe mucho sobre el béisbol.

   _____

8. Mis padres viven en México.

   _____

Verbs
Imperfect Tense

Some common adverbial phrases which indicate continuance are:

siempre *always*	con frecuencia *frequently*
a menudo *often*	a veces *sometimes*
todos los días (lunes) *every day (Monday)*	cada año (día, mes) *every year (day, month)*

The imperfect tense is used with the time expression *hacía. Hacía un año que yo estaba en Colombia. I had been in Colombia for one year.*

Write the following sentence in Spanish using the imperfect tense.

1. My uniform always had the number 10.

   _____

2. Dulce often batted a home run.

   _____

3. We cheered at all of the games.

   _____

4. They had been in California for five years.

   _____

5. I visited my grandma every Sunday.

   _____

6. Every month you wrote a letter to me.

   _____

Answer Key * Las Respuestas

Fill in the Blank * Llene el Espacio (page 44)

1. uniforme
2. fútbol
3. correr
4. entrenador
5. jonrón
6. juego
7. gol
8. batear
9. equipo
10. Béisbol
11. animar
12. campo

Verbs – Imperfect Tense (page 45)

1. Yo bateaba en los juegos.
2. Ella animaba para nuestro equipo.
3. Mi amiga y yo andábamos el perro en el parque.
4. Tú trabajabas mucho en la tienda.
5. Ellos hablaban con su abuela cada sábado.
6. Mi hermana compraba faldas azules para la escuela.

Verbs – Imperfect Tense (page 46)

1. El entrenador siempre comía en aquel restaurante.
2. El equipo corría en el parque cada día.
3. Los niños leían libros de fútbol a menudo.
4. Tú a veces recibías regalos por correo.
5. Mi amiga y yo salíamos todos los sábados.
6. Yo aprendía mucho en la escuela.
7. Marta sabía mucho sobre el béisbol.
8. Mis padres vivían en México.

Verbs – Imperfect Tense (page 47)

1. Mi uniforme siempre tenía el número diez.
2. Dulce a menudo bateaba un jonrón.
3. Animábamos en todos los juegos.
4. Hacía cinco años que ellos estaban en California.
5. Visitaba a mi abuela todos los domingos.
6. Cada mes me escribías una carta.

Lección 7 Días de Fiestas
Lesson 7 Holidays

Lista de Vocabulario	Vocabulary List
1. fuegos artificiales	1. fireworks
2. feliz	2. happy
3. hoy	3. today
4. temprano	4. early
5. divertido	5. fun
6. celebrar	6. to celebrate
7. cumpleaños	7. birthday
8. Día de San Valentín	8. Valentine's Day
9. pastel de calabaza	9. pumpkin pie
10. visitar	10. to visit
11. sorpresa	11. surprise
12. favorito	12. favorite

Conversación

1. El Día de Acción de Gracias es en noviembre. (Raul)

2. Es uno de mis días de fiesta favoritos porque la abuela y el abuelo vienen a visitar. (Catalina)

3. A mí me gusta por la comida. Me encanta el pavo, el relleno, el puré de papas con *gravy* y los arándanos. (R)

4. ¿Qué tal el pastel de calabaza? (C)

5. Sí, también me encanta. (R)

6. Este año, le voy a ayudar a mamá a rellenar el pavo. (C)

7. Tendrás que levantarte temprano porque ella pone el pavo en el horno alrededor de las siete de la mañana. (R)

8. Ahora tengo que hacer mi tarea. Tengo que escribir un ensayo de Acción de Gracias sobre lo que estoy agradecido. (C)

9. Está bien. Yo leeré mi libro sobre los peregrinos. (R)

Conversation

1. Thanksgiving is in November. (Raul)

2. It is one of my favorite holidays because grandma and grandpa come to visit. (Catalina)

3. I like it because of the food. I love turkey, dressing, mashed potatoes with gravy, and cranberries. (R)

4. What about the pumpkin pie? (C)

5. Yes, I love that also. (R)

6. This year I am helping mother stuff the turkey. (C)

7. You will need to get up early because she puts the turkey in the oven around seven o'clock in the morning. (R)

8. I have to do my homework now. I need to write a Thanksgiving essay about what I am thankful for. (C)

9. O.K. I will read my book about the Pilgrims. (R)

Historia

4 de Julio

Hoy es el 4 de Julio. El día está soleado y cálido. La familia de Enrique va al parque. Él juega con sus hermanos y hermanas. Su mamá y papá cocinan la cena en el parque. Comen hamburguesas y papas. Enrique tiene hambre. Se come dos hamburguesas grandes. Después de la cena, van a visitar a las hermanas de su papá. Tienen una sorpresa para los niños. En una escuela cerca de su casa hay un espectáculo de fuegos artificiales. Caminan a la escuela para ver el espectáculo. Enrique aprendió en la escuela que el 4 de Julio es el cumpleaños de su país. El día de fiesta celebra la adopción de la Declaración de la Independencia el 4 de julio de 1776. Ha leído sobre cómo Estados Unidos ganó su libertad de Inglaterra. Cuando Enrique se va a la cama, está cansado, pero feliz de haberse divertido tanto el Cuatro de Julio.

Story

4th of July

Today is the Fourth of July. The day is sunny and warm. Enrique's family goes to the park. He plays with his brothers and sisters. His mother and father cook dinner at the park. They eat hamburgers and potatoes. Enrique is hungry. He eats two big hamburgers. After dinner, they go to visit his father's sisters. They have a surprise for the children. At a school near their house there is a fireworks show. They walk to the school to see the show. Enrique learned in school that the 4th of July is his country's birthday. The holiday celebrates the adoption of the Declaration of Independence on July 4, 1776. He has read about how the United States won its freedom from England. When Enrique goes to bed he is tired, but happy that he had so much fun on the Fourth of July.

Fill in the Blank * Llene el Espacio

Fill in the blanks using the vocabulary words. Use each word once.

1. Vamos a mirar a los _____ después de la cena.

2. Hoy es el primer _____ de nuestro bebé.

3. José le dió a Luz una _____ en el Día de San Valentín.

4. Enrique se _____ jugando con sus hermanos.

5. ¿Cuál es su programa _____ de televisión?

6. ¿Cuándo vas a _____ la casa de tu hermana?

7. ¡Estoy _____ de verte!

8. ¿Es difícil hacer un _____?

9. ¿Cómo vas a _____ tu cumpleaños?

10. Catalina está enferma. No va a la escuela _____.

11. A ella le gusta hacer una tarjeta para su madre en el_____.

12. Mamá se levanta _____ en el día de Acción de Gracias.

Verbs
Imperfect Tense

There are only three irregular verbs in the imperfect tense. They are *ir*, *ser*, and *ver*.

ir (to go) – iba, ibas, iba, íbamos, ibais, iban
ser (to be) – era, eras, era, éramos, erais, eran
ver (to see) – veía, veías, veía, veíamos, veíais, veían

Fill in the blank with the correct form of the imperfect tense of the indicated verb.

1. Ellos _____ los fuegos artificiales cada 4 de julio. (ver)

2. Tú siempre _____ en tren. (ir)

3. Yo _____ feliz. (ser)

4. Todos los días Enrique _____ temprano. (estar)

5. La familia _____ el cumpleaños del abuelo cada junio. (celebrar)

6. Tú _____ una película todos los viernes. (ver)

7. Las fiestas de Juan _____ divertidas. (ser)

8. Mi esposo yo _____ nuestra hija cada mes. (visitar)

9. Cada cumpleaños yo _____ una sorpresa para su papá. (tener)

10. A veces tú _____ su mamá en el Día de San Valentín. (visitar)

Verbs
Preterite Tense

The preterite is a past tense used to express an action completed at a definite time in the past.

Regular *-ar* Verbs

To form the preterite tense of *-ar* verbs the infinitive ending *-ar* is dropped and the personal ending is added.

yo (I)	-é	tú (you)	-aste
él, ella, Ud., (he, she, you)	-ó	nosotros (we)	-amos
vosotros (you plural)	-asteis	ellos, ellas, Uds. (they masculine, they feminine, you plural)	-aron

Rewrite the following sentences in the preterite.

1. En junio celebramos el primer cumpleaños del bebé.

   _____

2. Yo compro una sorpresa para mis hijos.

   _____

3. Tú miras los fuegos artificiales en el parque.

   _____

4. Mi hermana visita su tía favorita.

   _____

5. El martes mis amigos celebran el Día de San Valentín.

   _____

6. María compra el pastel de calabaza para la fiesta.

   _____

7. Yo visito mi abuela temprano por la mañana.

   _____

Verbs/Preterite Tense
Irregular -ar Verbs

There are many irregular verbs. *Buscar*, *jugar*, and *empezar* are irregular.

buscar (to look for) – busqué, buscaste, buscó, buscamos, buscasteis, buscaron
jugar (to play) – jugué, jugaste, jugó, jugamos, jugasteis, jugaron
empezar (to begin) – empecé, empezaste, empezó, empezamos, empezasteis, empezaron

Form sentences with the following words. Use the preterite tense. Put in the correct articles and prepositions.

1. **Ellos / buscar / sorpresa.**

    _____

2. **Tú / jugar / mucho / 4 de julio.**

    _____

3. **Fuegos artificiales / empezar / a las nueve.**

    _____

4. **Nosotros / jugar / fútbol / estadio.**

    _____

5. **Enrique / buscar / casa / aquel / barrio.**

    _____

6. **Cumpleaños / empezar / temprano / mañana.**

    _____

7. **Ud. / visitar / España / año pasado.**

    _____

8. **Yo / celebrar / cumpleaños / sábado.**

    _____

Answer Key * Las Respuestas

Fill in the Blank * Llene el Espacio (page 52)
1. fuegos artificiales
2. cumpleaños
3. sorpresa
4. divierte
5. favorito
6. visitar
7. feliz
8. pastel de calabaza
9. celebrar
10. hoy
11. Día de San Valentín
12. temprano

Verbs – Imperfect Tense (page 53)
1. veían
2. ibas
3. era
4. estaba
5. celebraba
6. veías
7. eran
8. visitábamos
9. tenía
10. visitabas

Verbs – Preterite Tense (page 54)
1. En junio celebramos el primer cumpleaños del bebé.
2. Yo compré una sorpresa para mis hijos.
3. Tú miraste los fuegos artificiales en el parque.
4. Mi hermana visitó su tía favorita.
5. El martes mis amigos celebraron el Día de San Valentín.
6. María compró el pastel de calabaza para la fiesta.
7. Yo visité mi abuela temprano por la mañana.

Verbs/Preterite Tense -- Irregular -ar Verbs (page 55)
1. Ellos buscaron una sorpresa.
2. Tú jugaste mucho el 4 de julio.
3. Los fuegos artificiales empezaron a las nueve.
4. Nosotros jugamos fútbol en el estadio.
5. Enrique buscó una casa en aquel barrio.
6. El cumpleaños empezó temprano por la mañana.
7. Ud. visitó España el año pasado.
8. Yo celebré mi cumpleaños el sábado.

Lección 8 Trabajos
Lesson 8 Jobs

Lista de Vocabulario	Vocabulary List
1. solicitudes	1. applications
2. curriculum vitae	2. resume
3. entrevista	3. interview
4. graduarse	4. to graduate
5. ganar	5. to earn
6. suficiente	6. enough
7. biblioteca	7. library
8. carrera	8. career
9. planear	9. to plan
10. idea	10. idea
11. confirmar	11. to confirm
12. fábrica	12. factory

Conversación

1. Necesito encontrar un trabajo. (Arturo, el hermano menor de José)

2. ¿Qué te gustaría hacer? (José)

3. Me gusta cantar y bailar. (A)

4. ¿Puedes ganar suficiente dinero haciendo eso? (J)

5. Espero que sí. También estoy estudiando para ser actor. (A)

6. Necesitas un trabajo mientras estudias tu carrera. (J)

7. Sí, estoy buscando un trabajo por las noches en un restaurante. (A)

8. Esa es una buena idea. ¿Qué más puedes hacer? (J)

9. Puedo trabajar en una fábrica por las noches. (A)

10. Buena suerte con las solicitudes de empleo. (J)

11. Gracias. (A)

Conversation

1. I need to find a job. (Arturo, Jose's younger brother)

2. What do you like to do? (Jose)

3. I like to sing and dance. (A)

4. Can you earn enough money doing that? (J)

5. I hope so. I am also learning to be an actor. (A)

6. You need a job while you are studying for your career. (J)

7. Yes, I am looking for a job in a restaurant at night. (A)

8. That's a good idea. What else can you do? (J)

9. I can work at a factory at night. (A)

10. Good luck with your job applications! (J)

11. Thank you. (A)

Historia

El nuevo trabajo de Thelma

Thelma, la hermana menor de María, tiene un nuevo trabajo. Es maestra de tercer grado. La primavera pasada, se graduó de universidad. Llenó solicitudes para enseñar en varios distritos escolares. Después de completar las solicitudes, las envió y llamó una semana después para confirmar que llegaron. Sacó un libro de la biblioteca sobre cómo prepararse para una entrevista. Le llamaron para varias entrevistas. Llegó temprano a cada una de ellas. No quería llegar tarde a esta importante reunión. En la entrevista, fue amable y tenía buena presentación. Después de años de estudio y preparación, Thelma tiene un trabajo que disfruta.

Story

Thelma's New Job

Thelma, Maria's younger sister, has a new job. She is a third grade teacher. Last spring she graduated from college. She filled out teaching applications for several different school districts. After she completed the applications, she sent them back and called a week later to confirm their arrival. She checked out a book from the library about how to prepare for an interview. She was called for several interviews. For each interview, she arrived early. She did not want to be late for this important meeting. At the interview, she was friendly and well groomed. After years of studying and preparation, Thelma has a job she enjoys.

Fill in the Blank * Llene el Espacio

Fill in the blanks using the vocabulary words. Use each word once.

1. Todos las mañanas José _____ su día.

2. Yo _____ suficiente dinero para comprar comida.

3. Anna tomó prestado un libro de la _____.

4. Ella estuvo en la _____ de trabajo por una hora.

5. Mi madre trabaja en una _____donde se hacen automóviles.

6. Él necesita llevar a su casa las _____ de trabajo.

7. Anna llamó para _____ su cita.

8. Arturo quiere una _____ como actor.

9. Anna _____ de la universidad el verano pasado.

10. ¡Esa es una buena _____!

11. Favor de incluir un _____ con su solicitud.

12. ¿Tenemos _____ leche para el desayuno?

Verbs
Preterite Tense
Regular –er and –ir Verbs

The preterite of *–er* and *–ir* verbs is formed by dropping the infinitive ending and adding the personal ending.

Yo (I)	-í	tú (you)	-iste
él, ella, Ud., (he, she, you)	-ió	nosotros (we)	-imos
vosotros (you plural)	-isteis	ellos, ellas, Uds. (they masculine, they feminine, you plural)	-ieron

Rewrite the following sentences in the preterite.

1. Yo corro mucho en el parque.

   _____

2. Tú escribes un curriculum vitae.

   _____

3. María sale a las nueve para la entrevista.

   _____

4. Mis amigas y yo bebemos agua en la biblioteca.

   _____

5. Las muchachas discuten el problema.

   _____

6. Juan come el almuerzo en la fábrica.

   _____

7. Tú recibes muchos paquetes para la Navidad.

   _____

8. Yo subo la montaña.

   _____

Verbs/Preterite Tense
Irregular *-er* and *-ir* Verbs

Many common verbs are irregular in the preterite tense. *Tener*, *pedir*, and *poner* are irregular.

tener (to have) – tuve, tuviste, tuvo, tuvimos, tuvisteis, tuvieron
pedir (to ask for) – pedí, pediste, pidió, pedimos, pedisteis, pidieron
poner (to put or set) – puse, pusiste, puso, pusimos, pusisteis,
   pusieron

Fill in the blank with the correct form of the preterite tense of the indicated verb.

1. Thelma _____ las solicitudes en sobres grandes. (poner)

2. Ellos no _____ suficiente dinero. (tener)

3. En la biblioteca, yo _____ unas novelas. (pedir)

4. Yo _____ dos gatos en el carro. (tener)

5. En la fabrica, tú _____ la radio. (poner)

6. Mi hijo _____ un cachorro para su cumpleaños. (pedir)

7. Nosotros _____ unas solicitudes. (pedir)

8. ¿Quién _____ una idea? (tener)

9. Yo _____ el carro de mi mamá en el garaje. (poner)

10. Ella _____ el curriculum vitae en su escritorio. (tener)

Verbs
Preterite Tense

The preterite tense is a completed past action. Some common adverbial phrases that accompany the preterite are:

ayer – yesterday	anteayer – the day before yesterday
anoche – last night	el otro día – the other day
hace tres días, anos – three days ago, years	la semana pasada – last week
el año pasado – last year	durante tres años - for three years

Write the following sentence in Spanish using the preterite tense.

1. Last year I played on a baseball team.

    _____

2. The other day my son wrote a letter to his grandmother.

    _____

3. Last week we spoke to the teacher.

    _____

4. For three years you lived in California.

    _____

5. Yesterday we watched a movie in the afternoon.

    _____

6. Two years ago I had a red car.

    _____

7. The day before yesterday Ruth began a new job.

    _____

8. Last night they put their clothes in suitcases.

    _____

Answer Key * Las Respuestas

Fill in the Blank * Llene el Espacio (page 60)
1. planea
2. gano
3. biblioteca
4. entrevista
5. fábrica
6. solicitudes
7. confirmar
8. carrera
9. se graduó
10. idea
11. curriculum vitae
12. suficiente

Verbs – Preterite Tense (page 61)
1. Yo corrí mucho en el parque.
2. Tú escribiste un curriculum vitae.
3. María salió a las nueve para la entrevista.
4. Mis amigas y yo bebimos aqua en la biblioteca.
5. Las muchachas discutieron el problema.
6. Juan comió el almuerzo en la fábrica.
7. Tú recibiste muchos paquetes para la Navidad.
8. Yo subí la montaña.

Verbs/Preterite Tense – Irregular *-er* and *-ir* Verbs (page 62)
1. puso
2. tuvieron
3. pedí
4. tuve
5. pusiste
6. pidió
7. pedimos
8. tuvo
9. puse
10. tuvo

Verbs – Preterite Tense (page 63)
1. El año pasado jugué en un equipo de béisbol.
2. El otro día mi hijo escribió una carta a su abuela.
3. La semana pasada hablamos al maestro.
4. Durante tres años viviste en California.
5. Ayer miramos una película por la tarde.
6. Hace dos años tuve un carro rojo.
7. Anteayer Ruth empezó un nuevo trabajo.
8. Anoche pusieron su ropa en maletas.

Lección 9 La oficina postal
Lesson 9 The Post Office

Lista de Vocabulario ## Vocabulary List

1. estampillas	1. stamps
2. enviar	2. to mail
3. paquete	3. package
4. sobre	4. envelope
5. carta	5. letter
6. pesar	6. to weigh
7. primera clase	7. first class
8. rollo	8. roll
9. libro	9. book
10. coleccionar	10. to collect
11. diseño	11. design
12. colección	12. collection

Conversación

1. Voy a la oficina postal a comprar estampillas. ¿Quieres que envíe tu paquete para tía Thelma? (María)

2. Sí por favor. En la oficina postal pesarán el paquete y te indicarán el porte que debes pagar. (Catalina)

3. Hola. Me gustaría comprar algunas estampillas. (M)

4. ¿Le gustaría comprar un libro o un rollo de estampillas? (empleado postal)

5. ¿Cuántas estampillas hay en un libro? (M)

6. Tenemos libros de 15 o 20 estampillas. (ep)

7. ¿Cuántas estampillas hay en un rollo? (M)

8. Hay cien estampillas en un rollo. (ep)

9. Compraré un rollo de estampillas. (M)

10. También puede comprar estampillas por correo o por teléfono y así no necesita hacer fila ni venir a la oficina postal. (ep)

11. Gracias. También necesito enviar este paquete. (M)

Conversation

1. I am going to the post office to buy stamps. Do you want me to mail your package to Aunt Thelma? (Maria)

2. Yes, please. They will weigh the package at the post office and tell you how much the postage will be. (Catalina)

3. Hello. I would like to buy some stamps. (M)

4. Would you like to buy a book or a roll of stamps? (mail clerk)

5. How many stamps are in a book? (M)

6. We have books of 15 or 20 stamps. (mc)

7. How many stamps are in a roll? (M)

8. A hundred stamps are in a roll. (mc)

9. I will buy a roll of stamps. (M)

10. You can also buy stamps by mail or by phone and that way you do not need to stand in line or come to the post office. (mc)

11. Thank you. I also need to mail this package. (M)

Historia

La oficina postal

Para su cumpleaños, Enrique recibió una caja de naipes que le enviaron sus abuelos. El regalo le llegó por correo. En el paquete había varias estampillas de primera clase que Enrique añadió a su colección de estampillas. Enrique acaba de escribir una carta de agradecimiento para sus abuelos. Luego escribirá el domicilio en el sobre. En la escuela aprendió dónde poner el domicilio del destinatario y el del remitente. Después del almuerzo, José va a llevar a Enrique a la oficina postal. Enrique disfruta escogiendo una estampilla de primera clase con un tema especial o diseño de interés. Él y su abuelo tienen colecciones de estampillas. Su abuelo tiene estampillas de todo el mundo y muchas son muy antiguas. La mayoría de las estampillas de Enrique son de Estados Unidos. Enrique guarda sus estampillas en un álbum bellamente encuadernado.

Story

The Post Office

For his birthday, Enrique received a box of playing cards from his grandparents. The gift came in the mail. On the package were several first class stamps that he will add to his stamp collection. Enrique has just finished writing a thank you letter to his grandparents. Next he will address the envelope. He learned in school where to put the destination and return addresses. After lunch, Jose is taking Enrique to the post office. Enrique enjoys picking out a first class stamp with a special subject or interest design on it. He and his grandfather both have stamp collections. His grandfather has stamps from all over the world and many are very old. Most of Enrique's stamps are from the United States. Enrique keeps his stamps in a beautifully bound album.

Fill in the Blank * Llene el Espacio

Fill in the blanks using the vocabulary words. Use each word once.

1. Enrique escribe el domicilio del remitente en el
   _____ .

2. Hay cien estampillas en un _____.

3. Enrique guarda su _____ en
   un álbum bellamente encuadernado.

4. Se puede comprar _____ por correo.

5. En el paquete de Enrique había varias estampillas
   de _____ .

6. Catalina tiene un _____ para
   enviar a Tía Thelma.

7. María ofreció _____ el paquete.

8. A mucha gente le gusta _____
   estampillas.

9. ¿Escribiste una _____ de
   agradecimento a tus abuelos?

10. Voy a comprar las estampillas que tienen el
    _____nuevo de navidad.

11. Hay que _____ el paquete
    para indicar cuánto será el porte.

12. ¿Quiere un _____ o un rollo
    de estampillas?

Differences Between Imperfect and Preterite

The imperfect tense is used to express a continuing action in the past. The preterite tense is used to express an action begun and completed in the past even if the action lasted for a long time.

Rewrite the following sentences in the preterite or imperfect according to the indicated time expression.

1. Su hermana siempre estaba enferma.

   _____ por una semana.

2. Mi abuelo enviaba cartas cada lunes.

   _____ el lunes pasado.

3. Mi mamá pesó el bebé el sábado.

   _____ cada sábado.

4. Yo coleccioné estampillas por tres años.

   Durante tres años _____ .

5. Mi amiga y yo estuvimos en la oficina postal ayer.

   _____ el otro día.

6. Mis padres le veían de vez en cuando.

   _____ con frecuencia.

7. Tú lo repetías muchas veces.

   _____ una vez.

8. Durante el último viaje a la oficina postal compré un rollo de estampillas.

   Durante todos los viajes _____

   _____ .

Verbs
Future Tense

Ir a with Infinitive

The future can be expressed by using the verb *ir a* with an infinitive. In English this says "to be going to."

Rewrite the following sentences in the future using *ir a* with an infinitive.

1. Enviamos las cartas el viernes.

   _____

2. El hombre pesa el paquete.

   _____

3. El niño colecciona estampillas.

   _____

4. Uds. salen temprano.

   _____

5. La niña pone la mesa el jueves.

   _____

6. Vivo en la ciudad.

   _____

7. Los muchachos hablan con la maestra.

   _____

8. Tú compras sobres.

   _____

Verbs/Future Tense
Regular Verbs

The future tense of regular verbs is formed by adding the following personal endings to the infinitive.

hablar (to speak) – hablaré, hablarás, hablará, hablaremos, hablaréis, hablarán

comer (to eat) – comeré, comerás, comerá, comeremos, comeréis, comerán

escribir (to write) – escribiré, escribirás, escribirá, escribiremos, escribiréis, escribirán

Fill in the blank with the correct form of the future tense of the indicated verb.

1. Thelma _____ las cartas el miércoles. (enviar)

2. ¿Cuando _____ tú aquí? (estar)

3. Yo _____ la carta mañana. (escribir)

4. Ellos _____ el paquete por correo. (recibir)

5. El doctor _____ las niñas. (pesar)

6. Mis padres _____ a las ocho y media. (llegar)

7. Mi tía _____ un libro. (escribir)

8. Mi esposo y yo _____ una casa nueva. (comprar)

9. Mi hermano _____ los carros viejos. (coleccionar)

10. Ellos _____ en un restaurante esta noche. (comer)

Answer Key * Las Respuestas

Fill in the Blank * Llene el Espacio (page 68)

1. sobre
2. rollo
3. colección
4. estampillas
5. primera clase
6. paquete
7. evniar
8. coleccionar
9. carta
10. diseño
11. pesar
12. libro

Differences Between Imperfect and Preterite (page 69)

1. Su hermana estuvo enferma
2. Mi abuelo envió cartas
3. Mi mamá pesaba el bebé
4. yo coleccionaba estam pillas
5. Mi amiga y yo estabamos en la oficina postal
6. Mis padres le vieron
7. Tú lo repetiste
8. a la oficina postal compraba un rollo de estampillas

Verbs – Future Tense (page 70)

1. Vamos a enviar las cartas el viernes.
2. El hombre va a pesar el paquete.
3. El niño va a coleccionar estampillas.
4. Uds. van a salir temprano.
5. La niña va a poner la mesa el jueves.
6. Voy a vivir en la ciudad.
7. Los muchachos van a hablar con la maestra.
8. Tú vas a comprar sobres.

Verbs/Future Tense – Regular Verbs (page 71)

1. enviará
2. estarás
3. escribiré
4. recibirán
5. pesará
6. llegarán
7. escribirá
8. compraremos
9. coleccionará
10. comerán

Lección 10 Un lugar donde vivir
Lesson 10 A Place to Live

Lista de Vocabulario	Vocabulary List
1. apartamento	1. apartment
2. amueblado	2. furnished
3. rentar	3. to rent
4. vacante	4. available
5. préstamo	5. loan
6. oferta	6. bid
7. piscina	7. pool
8. patio	8. backyard
9. depósito de seguridad	9. security deposit
10. agente de bienes raíces	10. realtor
11. garage	11. garage
12. enganche	12. down payment

Conversación

1. Hola, deseo rentar un apartamento. (Thelma)

2. ¿Qué tamaño de apartamento desea? (gerente)

3. Estoy buscando un apartamento amueblado de una recámara. (T)

4. Tenemos un par de apartamentos amueblados de una recámara y varios estudios. (g)

5. ¿Qué es un estudio? (T)

6. Un estudio es más pequeño. Los nuestros tienen una habitación grande, una cocina y un baño. Son más económicos que un apartamento de una recámara. (g)

7. Veré ambos estilos. ¿Hay una piscina? (T)

8. Sí, tenemos una piscina, dos *Jacuzzis* y una sala para ejercicios. ¿Le gustaría un apartamento con o sin chimenea? (g)

9. No quiero chimenea. (T)

10. Necesitamos un depósito de seguridad y el primer mes de renta antes de que se mude. Por favor sígame y le mostraré los apartamentos. (g)

Conversation

1. Hello. I want to rent an apartment. (Thelma)

2. What size of an apartment are you looking for? (manager)

3. I am looking for a furnished one bedroom apartment. (T)

4. We have a couple of furnished one bedroom apartments available and several studios. (m)

5. What is a studio? (T)

6. A studio is smaller. Ours have one large room, a kitchen, and a bathroom. They are less expensive than the one bedroom apartments. (m)

7. I will look at both styles. Is there a pool? (T)

8. Yes, we have a pool, two Jacuzzis, and an exercise room. Would you like an apartment with or without a fireplace? (m)

9. I do not want a fireplace. (T)

10. We require a security deposit and the first month's rent before you can move in. Please follow me and I will show you the apartments. (m)

Historia

La compra de una casa

Luz y José planean comprar una casa nueva. Necesitan una casa más grande para su familia. Quieren que la casa nueva quede cerca de una buena escuela para sus hijos. También quieren que quede cerca de una biblioteca pública y que esté en una ciudad que cuente con un buen programa de actividades recreativas. Están buscando una casa con cuatro recámaras y garage para dos autos. También desean que el patio sea grande para los niños y el perro. José y Luz hablan con un agente de bienes raíces. Le dicen lo que desean. El agente les muestra varias casas. Después de varias semanas de búsqueda encuentran una que les gusta. Presentan una oferta por la casa. Se acepta su oferta. Pagan un enganche y esperan que el préstamo se apruebe. Finalmente el préstamo se aprueba. Les indican la cantidad de los pagos mensuales. La familia de José y Luz están entusiasmado sobre la mudanza a su nueva casa y a su nuevo vecindario.

Story

Buying a House

Luz and Jose are planning to buy a new house. They need a larger home for their family. They want their new house to be near a good school for their children. They also want it near a public library and located in a city that has a good recreational program. They are looking for a four bedroom house with a two car garage. They also want a large backyard for the children and dog. Jose and Luz talk to a realtor. They let the realtor know what they want. The realtor shows them several houses. After many weeks of looking, they find one they like. They bid on the house. Their bid is accepted. They pay a down payment and wait for their loan to be approved. Finally, their loan is approved. They are told what their monthly payments will be. Jose and Luz's family is excited about moving into their new home and neighborhood.

Fill in the Blank * Llene el Espacio

Fill in the blanks using the vocabulary words. Use each word once.

1. Hay una _____ caliente y dos Jacuzzis.

2. Pienso recibir mi _____ después de mudarme de casa.

3. ¿Va a buscar una casa en _____ o para comprarla?

4. Hay que esperar un mes para que el _____ se apruebe.

5. Luz y José están ahorrando dinero cada mes para su _____ .

6. Ella no quiere un _____ con chimenea.

7. El _____ les muestra varias casas.

8. Después de escoger una casa, Luz y José tienen que presentar una _____.

9. Este apartamento está _____ con un refrigerador, un sofá, y una cama.

10. ¿Va a tener un _____ para su carro?

11. Vamos a tener varios apartamentos _____ el próximo mes.

12. Mi perro necesita un _____ grande para correr.

Verbs/Future Tense
Irregular Verbs

There are very few irregular verbs in the future tense. The following have irregular stems.

decir – diré (to say, tell)	hacer – haré (to do, make)
querer – querré (to want)	poner – pondré (to put, set)
salir – saldré (to leave)	tener – tendré (to have)
saber – sabré (to know)	venir – vendré (to come)

decir – diré, dirás, dirá, diremos, direis, dirán
poner – pondré, podrás, pondrá, pondremos, pondreis, pondrán

Rewrite the following sentences in the future.

1. Ellos rentan una casa grande.

   _____

2. Yo tengo una piscina en mi patio.

   _____

3. Yo vengo en avión.

   _____

4. Nosotros salimos a las siete en punto.

   _____

5. Tú quieres un apartamento amueblado.

   _____

6. María pone las bicicletas en el garaje.

   _____

7. Los muchachos hacen una fiesta el sábado.

   _____

Verbs
Conditional Tense

The conditional tense is used to express what would happen if it were not for some other circumstance. The conditional tense is formed by adding the personal endings to the entire infinitive.

hablar (to speak) – hablaría, hablarías, hablaría, hablaríamos, hablaríais, hablarían

comer (to eat) – comería, comerías, comería, comeríamos, comeríais, comerían

vivir (to live) – viviría, vivirías, viviría, viviríamos, viviríais, vivirían

Fill in the blank with the correct form of the conditional tense of the indicated verb.

1. Yo _____ un apartamento pero no tengo bastante dinero. (rentar)

2. Mis padres _____ en California pero cuesta demasiado. (vivir)

3. ¿Por qué no _____ tú en avión? (ir)

4. Los niños _____ en el patio pero hay un perro. (jugar)

5. Mi mamá _____ al piscina pero no sabe como nadar. (ir)

6. Yo _____ una carta a mi abuela pero no sé la dirección. (escribir)

7. Yo _____ en el patio pero no hay una mesa. (comer)

8. Mi padre _____ con la maestra pero ella no está aquí. (hablar)

Verbs/Conditional Tense
Irregular Verbs

The conditional tense is used to express what would happen if it were not for some other circumstance. The verbs that are irregular in the future are irregular in the conditional.

decir (to say) – diría	hacer (to do or make) – haría
querer (to want) – querría	caber (to fit into) – cabría
poder (to be able) – podría	saber (to know) – sabría
poner (to put or set) – pondría	salir (to leave) – saldría
tener (to have) – tendría	valer (to be worth) – valdría
venir (to come) – vendría	

Rewrite the following sentences in the conditional.

1. Mis hermanas vienen en seguida.

   _____

2. Nosotros tenemos un enganche.

   _____

3. Todos no caben porque el coche es pequeño.

   _____

4. ¿Quieres tratar el problema con la maestra?

   _____

5. Mi amiga hace el trabajo sin ninguna dificultad.

   _____

6. Yo no tengo el depósito de seguridad.

   _____

7. Mi mamá sale lo más pronto posible.

   _____

Answer Key * Las Respuestas

Fill in the Blank * Llene el Espacio (page 76)
1. piscina
2. depósito de seguridad
3. renta
4. préstamo
5. enganche
6. apartamento
7. agente de bienes raíces
8. oferta
9. amueblado
10. garaje
11. vacantes
12. patio

Verbs/Future Tense – Irregular Verbs (page 77)
1. Ellos rentarán una casa grande.
2. Yo tendré una piscina en mi patio.
3. Yo vendré en avión.
4. Nosotros saldremos a las siete en punto.
5. Tú querrás un apartamento amueblado.
6. María pondrá las bicicletas en el garaje.
7. Los muchachos harán una fiesta el sábado.

Verbs – Conditional Tense (page 78)
1. rentaría
2. vivirían
3. irías
4. jugarían
5. iría
6. escribiría
7. comería
8. hablaría

Verbs/Conditional Tense – Irregular Verbs (page 79)
1. Mis hermanas vendrían en seguida.
2. Nosotros tendríamos un enganche.
3. Todos no cabrían porque el coche es pequeño.
4. ¿Querrías tratar el problema con la maestra?
5. Mi amiga haría el trabajo sin ninguna dificultad.
6. Yo no tendría el depósito de seguridad.
7. Mi mamá saldría lo más pronto posible.

Lección 11 Emergencias
Lesson 11 Emergencies

Lista de Vocabulario

1. ayudar
2. frasco
3. cocina
4. llamar
5. centro de control de envenenamientos
6. gabinete
7. conducta
8. observar
9. dos
10. emergencia
11. rescate
12. equipo

Vocabulary List

1. to help
2. bottle
3. kitchen
4. to call
5. poison control
6. counter
7. behavior
8. to watch
9. couple
10. emergency
11. rescue
12. crew

Conversación

1. Mamá, Pedro se bebió el frasco de medicina. (Catalina)

2. ¿Qué quieres decir? (María)

3. Alguien dejó el frasco de medicina abierto en el gabinete. Cuando entré a la cocina Pedro se la estaba bebiendo. (C)

4. Llamaré al centro de control de envenenamientos. (M)

5. Centro de control de envenenamientos. ¿Puedo ayudarle? (agente)

6. Sí, mi hijo acaba de beber un frasco de medicina. (M)

7. ¿Qué clase de medicina? (a)

8. Era amoxicilina. (M)

9. ¿Cuánta medicina bebió su hijo? (a)

10. Parece que bebió aproximadamente un cuarto del frasco. (M)

11. Probablemente vomitará muy pronto. (a)

12. ¿Hay algo que pueda hacer? (M)

13. Sí, observe a su hijo durante las próximas dos horas. Si nota una conducta rara, por favor vuelva a llamarnos. (a)

14. Gracias por su ayuda. (M)

Conversation

1. Mother, Peter drank the bottle of medicine. (Catalina)

2. What do you mean? (Maria)

3. Someone must have left the bottle of medicine on the counter with the top off. When I came into the kitchen, Peter was drinking it. (C)

4. I will call poison control. (M)

5. Poison control. May I help you? (agent)

6. Yes, my son just drank a bottle of medicine. (M)

7. What kind of medicine? (a)

8. It was Amoxicillin. (M)

9. How much did your son drink? (a)

10. It looks like he drank about a fourth of a bottle. (M)

11. He will probably vomit soon. (a)

12. Is there anything I can do? (M)

13. Yes, watch your son for the next couple of hours. If you notice any unusual behavior, please call back. (a)

14. Thank you for your help. (M)

Historia

Llamadas de emergencia al 911

Enrique regresó a casa de la escuela y encontró a su abuelita sentada en una silla. No la pudo despertar. Enrique se asustó. Llamó al 911. "Servicio de emergencia. ¿Cuál es su emergencia?"

"Mi abuela no despierta. Regresé a casa de la escuela y la encontré sentada en una silla. Traté de despertarla."

"¿Cuál es su dirección?"

"Estoy en casa de mi abuela. Su dirección es el 845 Park Lane, Long Beach."

"Un equipo de rescate estará ahí de cinco a diez minutos."

"Gracias." Enrique regresó a la sala donde estaba sentada su abuela. Tomó la mano de su abuelita hasta que llegó el equipo de rescate.

Story

Calling 911

Enrique came home from school and found his grandmother sitting in a chair. She would not wake up. Enrique was scared. He called 911. "Emergency Services. What's your emergency?"

"My grandmother will not wake up. I came home from school and found her sitting in her chair. I tried to wake her up."

"What is the address where you are?"

"I am at my grandmother's house. Her address is 845 Park Lane, Long Beach."

"A rescue crew will be there in five to ten minutes."

"Thank you." Enrique went back to the living room where his grandmother was sitting. He held his grandmother's hand until the rescue crew arrived.

Fill in the Blank * Llene el Espacio

Fill in the blanks using the vocabulary words. Use each word once.

1. Enrique va a _____ la llegada del equipo de rescate.

2. Su abuela estará bien en _____ días.

3. Catalina fue a la _____ para comer algo.

4. Un _____ es un grupo de personas.

5. Alguien dejó el frasco de medicina en el _____.

6. Notifique de inmediato al maestro si hay un cambio en la _____ del niño.

7. Llame al centro de _____ si sospecha que alguien tocó, bebió, o comió el veneno.

8. Hay un _____ de medicina en el gabinete del baño.

9. El equipo de _____ llegó en cinco minutos.

10. Gracias por su _____.

11. Hay que guardar la calma en una _____.

12. ¿Sabe que número _____ para pedir ayuda en una emergencia?

Verbs
The Subjunctive

Subjunctive implies subjectivity. If there is the possibility that the action about which a person is speaking has not or may not take place then it is necessary to use the subjunctive. Because of the indefinite nature of the subjunctive it is almost always in a dependent clause. The only time the subjunctive is not used is when there is no change of subject in the sentence.

The following are the personal endings for the subjunctive.

hablar (to speak) – hable, hables, hable, hablemos, habléis, hablen
comer (to eat) – coma, comas, coma, comamos, comáis, coman
vivir (to live) – viva, vivas, viva, vivamos, viváis, vivan

Fill in the blank with the correct subjunctive form of the indicated verb.

1. Yo quiero que Uds. _____ . (ayudar)

2. Mi mamá prefiere que nosotros _____ a las ocho. (llamar)

3. Mi papá espera que yo _____ el juego de béisbol. (observar)

4. Yo tengo miedo que tú _____ tarde. (llegar)

5. La maestra quiere que los estudiantes _____ la novela. (leer)

6. Mis padres prohiben que mi hermano _____ en casa. (fumar)

7. Mi abuela quiere que mi hermano y yo _____ en tren. (viajar)

8. Mi tía insiste en que yo _____ en su casa. (comer)

Verbs/The Subjunctive
Irregular Verbs

The following is the present subjunctive of some irregular verbs. The subjunctive endings are: **a, as, a, amos, áis, an** for these verbs.

decir (to tell, say) – diga	hacer (to make, do) – haga
oír (to hear) – oiga	poner (to put, set) – ponga
tener (to have) – tenga	salir (to leave) – salga
venir (to come) – venga	conocer (to know) – conozca

Fill in the blank with the correct form of the subjunctive of the indicated verb.

1. Mi mamá quiere que nosotros _____ a la cocina. (venir)

2. Yo quiero que tú _____ el frasco. (tener)

3. Mi tía prefiere que Uds. _____ los frascos en el gabinete. (poner)

4. Ella prefiere que nosotros _____ temprano. (salir)

5. ¿Por qué mandas que yo _____ a tu casa? (venir)

6. La abuela tiene miedo de que los niños _____ tarde para la escuela. (salir)

7. Yo espero que el doctor no _____ una emergencia. (tener)

8. Mi hermano teme que tú no le _____ . (conocer)

Verbs/Subjunctive
Stem-Changing Verbs

Several verbs are stem changing in the subjunctive and present indicative. Below are three stem changing verbs with subjunctive endings.

poder (to be able) – pueda, puedas, pueda, podamos, podáis, puedan
dormir (to sleep) – duerma, duermas, duerma, durmamos, durmáis, duerman
pedir (to ask) – pida, pidas, pida, pidamos, pidáis, pidan

Fill in the blank with the correct form of the subjunctive of the indicated verb.

1. Es necesario que el perro _____ en la cocina. (dormir)

2. Es difícil que nosotros _____ la música. (oír)

3. Es posible que tú lo _____ . (pedir)

4. Es bueno que mis padres _____ con la maestra. (hablar)

5. Estoy contento de que mi hermano _____ salir. (poder)

6. Es necesario que yo _____ más. (estudiar)

7. Es bueno que tú _____ la carta. (escribir)

8. Es necesario que nosotros _____ la mesa a las seis. (poner)

Answer Key * Las Respuestas

Fill in the Blank * Llene el Espacio (page 84)

1. observar
2. dos
3. cocina
4. equipo
5. gabinete
6. conducta
7. control de envenenamientos
8. frasco
9. rescate
10. ayuda
11. emergencia
12. llamar

Verbs – The Subjuctive (page 85)

1. ayuden
2. llamemos
3. observe
4. llegues
5. lean
6. fumen
7. viajemos
8. coma

Verbs/The Subjunctive – Irregular Verbs (page 86)

1. vengamos
2. tengas
3. pongan
4. salgamos
5. venga
6. salgan
7. tenga
8. conozcas

Verbs/Subjunctive – Stem-Changing Verbs (page 87)

1. duerma
2. oigamos
3. pidas
4. hablen
5. pueda
6. estudie
7. escribas
8. pongamos

Lección 12 Una visita al banco
Lesson 12 A Visit to the Bank

Lista de Vocabulario	Vocabulary List
1. dinero	1. money
2. cuenta de ahorros	2. savings account
3. cuenta de cheques	3. checking account
4. abrir	4. to open
5. número de seguro social	5. social security number
6. transferir	6. to transfer
7. interés	7. interest
8. tarifa	8. fee
9. balance mínimo	9. minimum balance
10. depositar	10. to deposit
11. cheques	11. checks
12. cargo por servicio	12. service charge

Conversación

1. Hola, deseo abrir una cuenta de cheques. (Thelma)
2. Gracias por escoger nuestro banco. (empleado del banco)
3. Tengo $500 para depositar en mi nueva cuenta de cheques. (T)
4. No hay cargo mensual por servicio si mantiene un balance mínimo en su cuenta de cheques. Por favor revise este libro y escoja un diseño para sus cheques. (edb)
5. ¿Cuándo llegarán mi chequera y cheques nuevos? (T)
6. Llegarán en tres semanas. Mientras tanto puede usar estos cheques temporales. ¿Qué información desea que pongamos en sus cheques? (edb)
7. Quiero que pongan mi nombre y domicilio en mis cheques. ¿Cómo puedo depositar dinero en mi cuenta? (T)
8. Puede enviarlo por correo, usar la ATM (máquina cajera automática), o venir al banco. (edb)
9. Depositaré el cheque de mi sueldo por correo. Gracias por su ayuda. (T)
10. Gracias a usted. El banco agradece su negocio. (edb)

Conversation

1. Hello. I want to open a checking account. (Thelma)
2. Thank you for selecting our bank. (bank clerk)
3. I have $500 to deposit into my new checking account. (T)
4. There is no monthly service charge if you keep the minimum balance in your checking account. Please look through this book and pick out the design for your checks. (bc)
5. How soon will my new checks and checkbook arrive? (T)
6. They will arrive in three weeks. Until then you can use these temporary checks. What information do you want on your checks? (bc)
7. I want my name and address on my checks. How can I deposit money into my account? (T)
8. You can send it by mail, use the ATM (automatic teller machine), or come into the bank. (bc)
9. I will deposit my paycheck by mail. Thank you for your help. (T)
10. Thank you. The bank appreciates your business. (bc)

Historia

Apertura de una cuenta de ahorros

María y Miguel van al banco a abrir una cuenta de ahorros para la educación universitaria de sus hijos. Hablan con un empleado del banco. Desean abrir su cuenta de ahorros con $500. El empleado del banco les pregunta sus números de seguro social. Planean depositar $200 al mes en esta cuenta de ahorros. Usarán la ATM para hacer los depósitos. Ya tienen tarjetas para la ATM. Su estado bancario mensual mostrará cuánto dinero tienen en su cuenta de ahorros y cuánto interés han ganado. En esta cuenta de ahorros no se cobran tarifas mensuales ni se necesita un balance mínimo. Pueden transferir dinero desde esta cuenta a su cuenta de cheques si lo necesitan. Pero María y Miguel planean no usar este dinero sino hasta que sus hijos vayan a la universidad.

Story

Opening a Savings Account

Maria and Miguel go to the bank to open a savings account for their children's college education. They speak with a bank clerk. They want to open their savings account with $500. The bank clerk asks for their social security numbers. They plan to deposit $200 a month into this savings account. They will use the ATM to make their deposits. They already have ATM cards. Their monthly bank statement will show how much money is in their savings account and how much interest they have earned. With this savings account there is no monthly fee and no minimum balance. If they need to transfer money from this account to their checking account, they can do so. But Maria and Miguel plan not to use this money until their children go to college.

Fill in the Blank * Llene el Espacio

Fill in the blanks using the vocabulary words. Use each word once.

1. ¿Va a _____ una cuenta de ahorros o una cuenta de cheques?

2. Él va a _____ $100 de su cuenta de cheques a su cuenta de ahorros.

3. Habrá una _____ si el saldo mínimo es menos de $100.

4. Thelma quiere abrir una _____.

5. María y Miguel abren una _____.

6. Esta cuenta no tiene tarifa ni _____.

7. Mi _____ es el 710-22-0000.

8. El _____ para esa cuenta será cobrado cada mes.

9. ¿Cuánto _____ gana esa cuenta en un año?

10. ¿Quiere ordenar _____ con el diseño de flores?

11. _____ su cheque en la abertura proveida.

12. Hace docientos años, la mayoría de la gente no guardó _____ en un banco.

Stem Changing Verbs

The following are stem changing verbs with present tense endings.

empezar (to start, begin) – empiezo, empiezas, empieza,
    empezamos, empezáis, empiezan
jugar (to play) – juego, juegas, juega, jugamos, jugáis, juegan
venir (to come) – vengo, vienes, viene, venimos, venís, vienen

PT – Present Tense	IT – Imperfect Tense	PRT – Preterite Tense
FT – Future Tense	CT – Conditional Tense	ST – Subjunctive Tense

Fill in the blank with the correct form of the indicated verb and tense.

1. ¿A qué hora _____ tú? (venir PT)

2. Ayer mis amigos _____ con el profesor. (hablar PRT)

3. Mi mamá teme que nosotros no _____ . (dormir ST)

4. Ellos _____ en el pueblo pero no tiene una escuela secundaria. (vivir CT)

5. Es una lástima que ella no _____ el libro. (leer ST)

6. Juan _____ aquí todos los días. (venir IT)

7. ¿Por qué no _____ tú en el parque? (jugar PT)

8. Yo no _____ en casa esta noche. (comer FT)

9. Nosotros _____ en seguida. (empezar PT)

10. Anoche yo _____ por dos horas. (estudiar PRT)

Interrogatives

The following are the most commonly used interrogative words to introduce questions. All interrogative words carry a written accent. In Spanish the verb comes before the subject in interrogative sentences.

¿Qué? – What?	¿Cuándo? – When?
¿Dónde? – Where?	¿Adónde? – To where?
¿Cuánto? – How much?	¿Quién? ¿Quiénes? – Who?
¿A quién? ¿A quiénes? – Whom?	¿Cómo? – How?

Write questions using an interrogative word for the following sentences. Use the italicized words to determine the question.

Example: La falda *cuesta diez dólares*.

> <u>¿Cuánto cuesta la falda?</u>

1. Mi abuela *viene hoy*.

   _____

2. Mi familia *va a las montañas* cada verano.

   _____

3. Los cheques *están en la mesa*.

   _____

4. *Marco* trabaja en el banco.

   _____

5. Mi hermana está *enferma*.

   _____

6. *Hay una camisa* en la bolsa.

   _____

7. *Los niños* están en el parque.

   _____

Por and Para

The prepositions *por* and *para* have very specific uses in Spanish. *Por* has many different uses. *Para* is usually used with destination or limitation.

Fill in the blank with *por* or *para*.

1. El tren sale _____ Los Angeles.

2. Compré esta camisa _____ Jorge.

3. La niña entró _____ aquella puerta.

4. ¿ _____ quién es esta carta?

5. Yo necesito el dinero _____ mañana.

6. Mi papá fue al mercado _____ leche.

7. El invierno pasado viajamos _____ México.

8. Los niños entraron _____ la ventana.

9. Mis padres estuvieron en California _____ ocho años.

10. Trajimos un regalo _____ mi abuelo.

Para is used to express a comparison of inequality. *Por* is used to indicate measure or number.

11. _____ ser niño, corre muy rápido.

12. Ella lo vende _____ docenas.

13. Mi tío quiere vender la casa _____ quinientos mil.

Answer Key * Las Respuestas

Fill in the Blank * Llene el Espacio (page 92)

1. abrir
2. transferir
3. tarifa
4. cuenta de cheques
5. cuenta de ahorros
6. saldo mínimo
7. número de seguro social
8. cargo por servicio
9. interés
10. cheques
11. Deposite
12. dinero

Stem Changing Verbs (page 93)

1. vienes
2. hablaron
3. durmamos
4. vivirían
5. lea
6. venía
7. juegas
8. comeré
9. empezamos
10. estudié

Interrogatives (page 94)

1. ¿Cuándo viene mi abuela?
2. ¿Adónde va mi familia cada verano?
3. ¿Dónde están los cheques?
4. ¿Quién trabaja en el banco?
5. ¿Cómo está mi hermana?
6. ¿Qué hay en la bolsa?
7. ¿Quiénes están en el parque?

Por and Para (page 95)

1. para
2. para
3. por
4. Para
5. para
6. por
7. por
8. por
9. por
10. para
11. Para
12. por
13. por

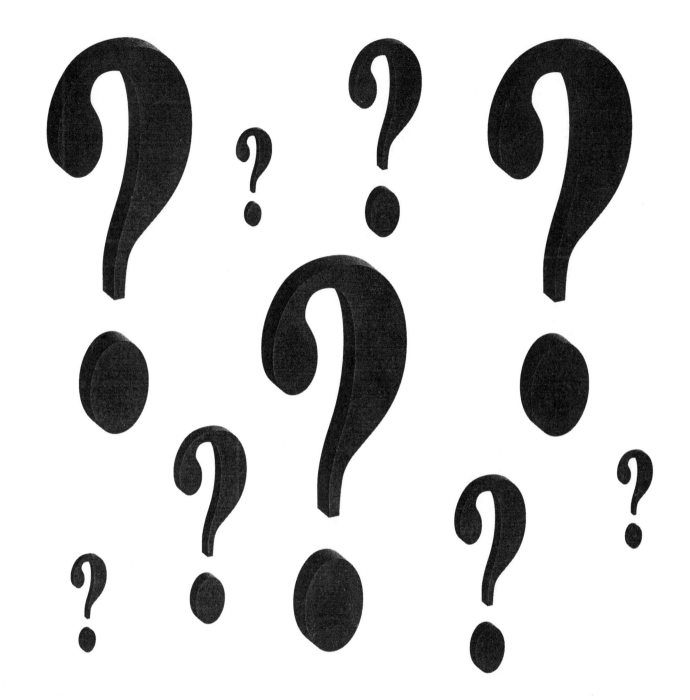

PUZZLE FUN
PASATIEMPO

WordSearch

Find the words from **Lessons 1 & 2** in the WordSearch. Circle the answers. Words may be printed forward, backward, or diagonally. The first one has been done for you.

agua	batido	encontrar
chocolate	cocinar	mesa
ensalada	hamburguesa	pasta
paja	pan	traer
pedir	bistec	

P	N	P	R	A	N	I	C	O	C	A
R	E	C	A	Y	Y	E	S	N	S	A
A	B	D	H	J	A	B	A	E	S	C
R	A	I	I	O	A	P	U	E	V	C
T	T	X	B	R	C	G	M	R	I	E
N	I	R	Q	X	R	O	E	C	K	T
O	D	K	X	U	A	A	L	S	C	S
C	O	K	B	T	R	W	A	A	M	I
N	O	M	S	T	G	Y	E	G	T	B
E	A	A	H	W	Z	H	N	D	U	E
H	P	A	D	A	L	A	S	N	E	A

98

Crossword Puzzle

Use the Spanish vocabulary words from Lessons 3 & 4 to fill in the puzzle.

Across		Down	
1	cloudy	2	to take
5	sunny	3	skirt
6	rain	4	boots
9	to need	7	salesperson
12	blouse	8	umbrella
13	jacket	10	shirt
14	shoes	11	size
		13	expensive

Jumble

Unscramble the vocabulary words from **Lessons 5 & 6**.

1. geoju _____

2. roquep _____

3. puioqe _____

4. reacor _____

5. glo _____

6. caororch _____

7. errcor _____

8. ralolc _____

9. pomca _____

10. ronjón _____

11. blotúf _____

12. totiga _____

13. solbébi _____

14. recapill _____

15. retaba _____

16. rentamali _____

17. manira _____

18. toga _____

19. adengr _____

20. rorep _____

perro
gato
alimentar
cepillar
gatito
grande
collar
cachorro
correa
porque
juego
equipo
gol
correr
campo
jonrón
fútbol
béisbol
batear
animar

WordSearch

Find the words from **Lessons 7 & 8** in the WordSearch. Circle the answers. Words may be printed forward, backward, or diagonally. The first one has been done for you.

biblioteca	carrera	entrevista
confirmar	divertido	ganar
favorito	feliz	idea
graduarse	hoy	sorpresa
planear	solicitudes	
suficiente	celebrar	

G	S	G	R	A	D	U	A	R	S	E	F	T
D	A	E	C	A	R	R	E	R	A	E	C	A
I	S	N	D	D	F	C	G	A	L	P	E	N
V	O	X	A	U	I	V	D	I	A	L	L	A
E	R	B	O	R	T	O	Z	C	Z	A	E	T
R	P	H	M	Y	F	I	E	M	K	N	B	S
T	R	R	I	H	H	T	C	Q	E	E	R	I
I	E	T	R	O	O	A	H	I	H	A	A	V
D	S	M	A	I	O	B	R	O	L	R	R	E
O	A	E	L	R	I	A	G	U	Y	O	O	R
E	D	B	F	A	V	O	R	I	T	O	S	T
I	I	C	O	N	F	I	R	M	A	R	J	N
B	U	E	T	N	E	I	C	I	F	U	S	E

Crossword Puzzle

Use the Spanish vocabulary words from **Lessons 9 & 10** to fill in the puzzle.

Across		Down		Down	
2	to mail	1	backyard	10	to weigh
3	garage	2	down payment	11	roll
4	furnished	5	book		
7	apartment	6	to rent		
12	envelope	8	package		
13	letter	9	bid		

Jumble

Unscramble the vocabulary words from **Lessons 11 & 12**.

1. birar _____
2. sod _____
3. scoraf _____
4. queesch _____
5. sefirranrt _____
6. udarya _____
7. potisared _____
8. ésernit _____
9. iancco _____
10. larlam _____
11. mrecaeegni _____
12. notaucdc _____
13. poquie _____
14. arafit _____
15. rarvebos _____
16. teenbagi _____
17. cearets _____
18. noredi _____

ayudar
frasco
cocina
llamar
gabinete
conducta
observar
dos
emergencia
rescate
equipo
dinero
abrir
transferir
interés
tarifa
depositar
cheques

Answer Key

WordSearches (pages 98 and 101)

Crossword (page 99)

	Across		Down		Down
1	nublado	2	llevar	13	caro
5	soleado	3	falda		
6	lluvia	4	botas		
9	necesitar	7	vendedor		
12	blusa	8	paraguas		
13	chaqueta	10	camisa		
14	zapatos	11	talla		

Jumble (page 100)

1.	juego	7.	correr	13.	béisbol	19.	grande
2.	porque	8.	collar	14.	cepillar	20.	perro
3.	equipo	9.	campo	15.	batear		
4.	cerrea	10.	jonrón	16.	alimentar		
5.	gol	11.	fútbol	17.	animar		
6.	cachorro	12.	gatito	18.	gato		

Crossword (page 102)

	Across		Down		Down
2	enviar	1	patio	11	rollo
3	garaje	2	enviar		
4	amueblado	5	libro		
7	apartamento	6	rentar		
12	sobre	8	paquete		
13	carta	9	oferta		
		10	pesar		

Jumble (page 103)

1.	abrir	7.	depositar	13.	equipo
2.	dos	8.	interés	14.	tarifa
3.	frasco	9.	cocina	15.	observar
4.	cheques	10.	llamar	16.	gabinete
5.	transferir	11.	emergencia	17.	rescate
6.	ayudar	12.	conducta	18.	dinero

Dictionary

Spanish - English

A

a - to, on
abajo - below
abarrotes - groceries
abuela - grandmother
abuelo - grandfather
acerca de - about
acostarse - to go to bed
adelante - forward; ahead
adiós - good-bye
aeroplano - airplane
afuera - out; outside
águila - eagle
ahora - now
al [a + el] - to the
algún(o) - some
allá - there; over there
almuerzo - lunch
alto(a) - high; loud
amar - to love
   amo - I love
amarillo - yellow
americano - American
amigo - friend
anaranjado - orange
andar - to walk
antes - before
añadir - to add
año - year
aprender - to learn
apurarse - to hurry up
aquel, aquello - that one
aquellos - those
aquí- here
área - area

arte - art
avión - airplane

ayuda - help
ayudar - to help
azúcar - sugar

B

bahía - bay
bandera - flag
baño - bath
barco - boat
bebé - baby
beber - to drink
beisbol - baseball
beso - kiss
bien - fine; O.K.
bistec - steak
boleto - ticket
bonito - pretty
brincar - to jump
   brincar la cuerda - to jump rope

C

cabeza - head
cachorro - puppy
cada - each; every
café - brown; coffee
calabaza - pumpkin
calle - street
cama - bed
cambiar - to change

cambio - change
camino - road
camisa - shirt
campana - bell
campo - field
cantante - singer
caricaturas - cartoons
carne - meat
caro - expensive
carro - car
carta - letter
casa - house
    casa de muñecas - dollhouse
catarro - cold
cazar - to hunt
cebolla - onion
celebrar - to celebrate
cena - dinner
cenar - to have dinner
    cena - he/she has dinner
    cenas - you have dinner
cepillar - to brush
cerca - nearby
cerveza - beer
cien - one hundred
cinco - five
cincuenta - fifty
cine - movie
cita - appointment; date
ciudad - city
cocina - kitchen
color - color
comer - to eat
    como - I eat
    comes - you eat
    come - he/she eats
    comemos - we eat
    coméis - you (plural) eat
    comen - they eat
comida - meal
comió - he/she ate

como - as; like
¿cómo? - how?
compra - purchase
comprar - to buy
    compramos - we buy
    compraron - they bought
    compró - he/she bought
con - with
    con cuidado - carefully
conducir - to drive
conductor - driver
conocer - to meet; to know
conversación - conversation
corte - court
cosa - thing
costar - to cost
costoso - expensive
crema - cream
cual - which
¿cuál? - which one?; what?
cuando - when
¿cuándo? - when?
¿cuánto? - how much?
¿cuántos? - how many?
cuarto - fourth
cuatro - four
cuento - story, tale
cuerda - rope
cuerpo - body
cuidado - care
cupón - coupon

Ch

cheque - check
chequera - checkbook
chistoso(a) - funny
chocolate - chocolate

D

dar - to give
    doy - I give
    das - you give
    da - he/she gives
    damos - we give
    dais - you (plural) give
    dan - they give
de - of; from
    de veras - truly
deber - to have to
decidir - to decide
decir - to say; to tell
declarar - to declare
del [de + el] - of the
delicioso - delicious
departamento - department
depender - to depend
derecha - right side
desayuno - breakfast
desierto - desert
después - after; afterwards
di - I gave
día - day
    día de fiesta - holiday
dientes - teeth
dieron - they gave
diez - ten
difícil - difficult
dijo - he/she said
dinero - money
dio - he/she gave
Dios - God
dirección - address
distinto - different
doble - double
docena - dozen
doctor - doctor
dólar - dollar
domingo - Sunday
donde - where

¿dónde? - where?
dormir - to sleep
    duermo - I sleep
    duermes - you sleep
    duerme - he/she sleeps
    dormimos - they sleep
    dormís - you (plural) sleep
    duermen - they sleep
dos - two
durante - during
durar - to last
duro - hard

E

edificio - building
ejemplo - example
ejercicio - exercise
el - the
él - he
ella - she
ello - it
ellos - they
empezar - to start
en - in; on
    en adelante - from now on
enamorado - boyfriend
encontrar - to find
enfermo - sick
enfrente - in front
enseñar - to show; to teach
enseñó - he/she taught; he/she showed
entonces - then
entre - between
equivale - to be equivalent
era - he/she/it was
eran - they were
escribió - he/she wrote
escribir - to write

escritorio - desk
escuela - school
ese - that
eso - that
espacio - space
español - Spanish
esposa - wife
estación - season
estadio - stadium
estado - state
estar - to be
    estoy - I am
    estás - you are
    está - he/she/it is
    estamos - we are
    estáis - you(plural) are
    están - they are
esto - this
estrella - star
estudiante - student
estudiar - to study
exacto - exact
examen - test; exam
examinar - to examine
excelente - excellent

F

familia - family
favor - favor
    favor de - please
favorito - favorite
feliz - happy
fiebre - fever
fiesta - holiday
fin - end
final - final
forma - form; shape
formar - to form
    formar fila - to line up

fotografía - photograph
franja - stripe
frío - cold
fruta - fruit
fue - he/she/it went
fuiste - you went
fútbol - soccer
futuro - future

G

gallina - chicken; hen
galón - gallon
ganso - goose
gasolina - gasoline
gasolinera - gas station
gato - cat
gente - people
gobierno - government
gracias - thanks; thank you
grado - degree; grade
guardar cama - to stay in bed
guerra - war
gustar - to like

H

hablar - to speak; to talk
    hablo - I speak
    hablas - you speak
    habla - he/she speaks
    hablamos - we speak
    habláis - you (plural) speak
    hablan - they speak
hacer - to do; to make
hacha - axe
hamburguesa - hamburger
harina - flour
hasta - until

hay - there is; there are
    hay que - it is necessary
hecho - made
helado - ice cream
hermana - sister
hermano - brother
hija - daughter
hijo - son
historia - history; story
hola - hello
hombre - man
hora - hour
hotel - hotel
hoy - today
huevo - egg

I

iglesia - church
igual - equal
iguales - matching
incluya - include
indicar - to indicate
indio - Indian
inglés - English
interesante - interesting
invierno - winter
ir - to go
    voy - I go
    vas - you go
    va - he/she/it goes
    vamos - we go
    vais - you (plural) go
    van - they go
    ir de compras - to go shopping
irse - to go away

J

jalea - jelly

jefe - chief
juega - he/she plays
juego - game
jueves - Thursday
jugar - to play
    jugando - playing
jugo - juice
juguete - toy

K

L

la - the
le - him, her, you; to him, to her,
    to you
lección - lesson
leche - milk
lechuga - lettuce
lectura - reading
leer - to read
legumbre - vegetable
levantarse - to get up; me
    levanto - I get up
ley - law
libra - pound
libreta - notebook
libro - book
licencia - license
    licencia de manejar - driver's
    license
limpiar - to clean
lista - list
lo - him, you, it
    lo cual - that which

luego - soon
lugar - place
lunes - Monday

LL

llamar - to call; to name
    llamar por teléfono - to
    telephone
llamarse - to be called; me llamo -
    my name is
llave - key
llegar - to come
llenar - to fill; to fill out
    llene el espacio - fill in the blank
llevar - to bring

M

madre - mother
maestro - teacher
mamá - mom
mandó - he/she sent
manejar - to drive
manera - manner; way
mano - hand
manual - manual; handbook
manzana - apple
mañana - morning; tomorrow
margarina - margarine
martes - Tuesday
más - more
matemáticas - mathematics; math
materia - subject
mayor - older
me - me
medicina - medicine
mejor - better
memoria - memory

menor - younger
mercado - market
mesa - table
mi - my
miércoles - Wednesday
mío - my; mine
mirar - to look
mismo - self
mitad - half
montañas - mountains
morado - purple
morir - to die
motor - motor
muchacha - girl
muchacho - boy
mucho - much; a lot
muchos - many
mudarse - to move
mujer - woman
multiplicación - multiplication
multiplicar - to multiply
muñeca - doll
muy - very

N

nací - I was born
nadar - to swim
naranja - orange
nariz - nose
náusea - nausea
necesitar - to need
    necesita - he/she/it needs
negro - black
ni - neither
nieve - snow
niño - child; boy
niños- children
no - no

noche - night
nombrar - to name
nombre - name
nosotros - we
notar - to note; to observe
nuestro - our
nueve - nine
nuevo - new
número - number

Ñ

O

o- or
observar - to observe
obtener - to get
ocho - eight
oficina - office
oído - ear
ojo - eye
oración - sentence
oro - gold
otoño - fall; autumn
otro - another

P

padre - father
pagar - to pay
país - country
pan - bread
　　pan tostado - toast
papa - potato
papá - dad
papel - paper
para - for; to; toward; in order to
parque - park
parte - part

pasar - to pass
　　pasar lista - to call roll
pavo - turkey
pegar - to hit
película - movie
pelo - hair
pelota - ball
pensar - to think
pequeño - little
periódico - newspaper
permitir - to permit; to let
pero - but
perro - dog
persona - person
pescado - fish
pie - foot
pizarrón - board; blackboard
plátano - banana
playa - beach
poco - little
pollo - chicken
poner - to put
　　pongo - I put
　　pones - you put
　　pone - he/she/it puts
　　ponemos - we put
　　ponéis - you (plural) put
　　ponen - they put
ponerse - to put on
popular - popular
por - for; times
　　por favor - please
¿por qué? - why?
porque - because
portarse - to behave
practicar - to practice
pregunta - question
preparar - to prepare
primer(o) - first
próximo - next
pueblo - town

Q

que - that
¿qué? - what?
quedarse - to stay
querer - to want
    quiero - I want
    quieres - you want
    quiere - he/she wants
    queremos - we want
    queréis - you (plural) want
    quieren - they want
¿quién? - who?
quítalo - take it out
quitar - to take away
quitarse - to take off

R

ratón - mouse
raya - line
realidad (en) - really
recámara - bedroom
recordar - to remember
recreo - recess
regalo - gift
regla - rule
regresar - to return
religión - religion
reloj - clock; watch
restaurante - restaurant
reunirse - to meet
revista - magazine
roca - rock
rojo - red
ropa - clothes; clothing

RR

S

sábado - Saturday
saber - to know
salir - to go out; to leave
sandía - watermelon
segundo - second
seis - six
semana - week
sentarse - to sit down
sentido - meaning
sentirse - to feel
señal - sign
señor - Mr.
señora - Mrs.
señorita - Miss
ser - to be
    soy - I am
    eres - you are
    es - he/she/it is
    somos - we are
    sois - you (plural) are
    son - they are
servir - to serve
si - if
sí - yes
    sí mismo - himself
siempre - always
siete - seven
simpático - nice
simplemente - simply
sin - without
sobre - over; on
solamente - only
sombrero - hat
sonar - to ring
sonido - sound
sopa - soup
su - your, his, her, its, their
sucio - dirty

supermercado - supermarket

T

taco - taco
también - also
tampoco - either
tarde - afternoon
tarea - job; homework
tarjeta - card
taza - cup
te - you
té - tea
telefonear - to telephone
teléfono - telephone
televisión - television
temperatura - temperature
temporada - season
temprano - early
tener - to have
    tengo- I have
    tienes - you have
    tiene - he/she/it has
    tenemos - we have
    tenéis - you (plura) have
    tienen - they have
    tener que - to have to
tercero - third
terminación - end
terminar - to finish
tía - aunt
tiempo - time
tienda - store
tío - uncle
tocar - to touch
tocino - bacon
todo - all
tomar - to take; to drink
    tomo - I take; drink
    tomas - you take; drink

toma - he/she takes; drinks
tomamos - we take; drink
tomáis - you (plural) take; drink
toman - we take; drink
tomate - tomato
tostado - toasted
trabajar - to work
trabajo - work
traducir - to translate
traer - to bring; to take
tráfico - traffic
traje - suit
    traje de baño - bathing suit
trece - thirteen
tres - three
tu - your
tú - you
tuvo - he/she/it had

U

un(a) - a, an
uno - one
usar - to use
usará - he/she will use
usted - you
usualmente - usually
uva - grape

V

vehículo - vehicle
venir - to come
ver - to see
verano - summer
veras - truth
verdad - truth
verdaderamente - really
verde - green

vestido - dress
vez - time
viajar - to travel
viaje - trip
viernes - Friday
visita - visit
visitar - to visit
vista - view
vivir - to live
    vivo - I live
    vives - you live
    vive - he/she lives
    vivimos - we live
    vivís - you (plural) live
    viven - they live
vocabulario - vocabulary
vosotros - you (plural)
voto - vote
voy - I go; me voy a - I am going
      to
voz - voice

W

X

Y

y - and
ya - already
yo - I

Z
zapato - shoe

Dictionary

English - Spanish

A

a - un, una
about - casi
address - dirección
after - después
afternoon - tarde
airplane - avión
all - todo
also - también
always - siempre; todo el tiempo
American - americano
an - un, una
and - y
answer - respuesta
any - alguno; ninguno
anything - alguna cosa
apple - manzana
appointment - cita
area - área
art - arte
as - como
at - en
aunt - tía
autumn - otoño
ax - hachas

B

baby - bebé
bacon - tocino
ball - pelota
banana - plátano
baseball - beisbol
bathing suit - traje de baño

bay - bahía
be (to) - ser ; estar
beach - playa
because - porque
bed - cama
bedroom - recámara
beer - cerveza
before - antes
behave (to) - portarse
bell - campana
belong to (to) - pertenecer
better - mejor
big - grande
black - negro
blacker - más negro
blackest - el más negro
blank - espacio
blue - azul
bluer - más azul
bluest - el más azul
board (blackboard) - pizarrón
boat - barco
book - libro
boy - muchacho
bread - pan
breakfast - desayuno
bring (to) - llevar; traer
brother - hermano
browner - más café
brownest - el más café
brush (to) - cepillar
building - edificio
but - pero
buy (to) - comprar
    buying - comprando
by - por

C

call (to) - llamar
    call roll (to) - pasar lista
car - carro
card - tarjeta
carefully - con cuidado
carrot - zanahoria
cartoons - caricaturas
cat - gato
celebrate (to) - celebrar
cereal - cereal
change - cambio
change (to) - cambiar
check - cheque
checkbook - chequera
chicken - pollo; gallena
child - niño
children - niños
chocolate - chocolate
church - iglesia
clean - limpio
cleaner - más limpio
cleanest - el más limpio
clock - reloj
clothes - ropa
coffee - café
cold - catarro; frio
colder - más frío
coldest - el más frío
come (to) - venir; llegar
conversation - conversación
cost (to) - costar
country - país
coupon - cupón
cream - crema
cup - taza

D

dad - papá
daughter - hija
day - día
decide (to) - decidir
declare (to) - declarar
deer - venado
delicious - delicioso
department - departamento
depend (to) - depender
desert - desierto
desk - escritorio
die (to) - morir
difficult - difícil
dinner - cena
dirty - sucio
do (to) - hacer
doctor - doctor
dog - perro
dollar - dólar
dozen - docena
dress - vestido
drink (to) - beber, tomar
drive (to) - manejar; conducir
driver - conductor
    driver's license - licencia de manejar
during - durante

E

each - cada
eagle - águila
early - temprano
eat (to) - comer
    eating - comiendo
egg - huevo
eight - ocho
every - cada
everything - todo
exam - examen

examine (to) - examinar
excellent - excelente
expensive - costoso; caro
eye - ojo

F

fall - otoño
family - familia
father -padre
favorite - favorito
feel (to) - sentirse
fever - fiebre
field - campo
fifty - cincuenta
fine - bien; fino
finer - más fino
finest - el más fino
first - primero
fish - pescado
five - cinco
flag - bandera
flour - harina
flu - influenza
food -comida
foot - pie
for - por; para
found (to) - fundar
four - cuatro
Friday - viernes
friend - amigo
from - de
fruit - fruta
funny - chistoso(a)

G

gallon - galón
game - juego

gas station - gasolinera
gasoline - gasolina
geese - gansos
get (to) - obtener
    get up (to) - subirse; levantarse
gift - regalo
girl - muchacha
give (to) - dar
    giving - dando
go (to) - ir
    going - yendo
    go to bed - acostarse
God - Dios
gold - oro
good - bueno
    good morning - buenos días
good-bye - adiós
goose - ganso
grade - grado
grandfather - abuelo
grandmother - abuela
grape - uva
green - verde
greener - más verde
greenest - el más verde
groceries - abarrotes
grocery store - tienda de abarrotes
grow (to) - cultivar

H

hair - pelo
half - mitad
hamburger - hamburguesa
hand - mano
handbook - manual
happy - feliz
hat - sombrero
have (to) - tener
    have to (to) - tener que

he - él
  he is - está; es
  he does - hace
  he eats - come
  he goes - va
  he has - tiene
  he lives - vive
  he plays - juega
  he sleeps - duerme
  he studies - estudia
  he watches - mira
  he works - trabaja
head - cabeza
hello! - ¡hola!
help (to) - ayudar
hen - gallena
her - su, sus
here - aquí
hi! - ¡hola!
high - alto
higher - más alto
highest - el más alto
him - le, lo, o con él
himself - él mismo
his - su, sus
hit (to) - pegar
holiday - día de fiesta
home - el hogar
homework - tarea
hotel - hotel
hour - hora
house - casa
how? - ¿cómo?
  how many? - ¿cuántos?
  how much? - ¿cuánto?
hunt (to) - cazar
hurry (to) - apurarse

I

I - yo
  I am - soy; estoy
  I do - hago
  I eat - como
  I go - voy
  I have - tengo
  I live - vivo
  I play - juego
  I sleep - duermo
  I study - estudio
  I watch - miro
  I work - trabajo
ice cream - helado
if - si
in - en
interesting - interesante
it - ello
it's - ello es
its - de ello

J

jelly - jalea
join - juntarse
juice - jugo
jumprope - cuerda para brincar

K

key - llave
kitchen - cocina
know (to) - saber

L

later - más tarde
learn (to) - aprender
lesson - lección

letter - carta
lettuce - lechuga
license - licencia
like (to) - gustar
line up (to) - formar fila
little - pequeño
littler - más pequeño
littlest - el más pequeño
live (to) - vivir
    living - viviendo
long - largo
lots - muchos
loud - alto
love (to)- amar
lunch - almuerzo

M

magazine - revista
make (to) - hacer
    making - haciendo
man - hombre
many - muchos
margarine - margarina
market - mercado
matching - iguales
math - matemáticas
mathematics - matemáticas
me - me; a mí
meat - carne
medicine - medicina
meet (to) - conocer; reunirse
men - hombres
mice - ratones
milk - leche
Miss - señorita
mom - mamá
Monday - lunes
money - dinero
more - más

morning - mañana
mother - madre
motor - motorizado
mountains - montañas
mouse - ratón
mouth - boca
move - mudarse
movie - cine; pelicula
Mr. - señor
Mrs. - señora
much - mucho
multiplication - multiplicación
my - mi, mis; mío, míos

N

name - nombre
near - cerca
nearby - cerca
need (to) - necesitar
new - nuevo
newspaper - periódico
next - próximo
nice - simpático
night - noche
nine - nueve
not - no
now - ahora
number - número

O

o'clock- del reloj
of - de
office - oficina
O.K. - bien; ¡Bueno!
older - mayor
on - en, encima de
one - uno

onion - cebolla
only - solamente
or - o
orange - naranja; anaranjado
order - orden
other - otro
our - nuestro
out - fuera; afuera
own - propio

P

paper - papel
park - parque
part - parte
pass (to) - pasar
pay (to) - pagar
penny - centavo
people - personas
person - persona
photograph - fotografía
place - lugar
play - jugar
    playing - jugando
please - por favor
popular - popular
potato - papa
pretty - bonito
pumpkin - calabaza
puppy - cachorro
purple - morado
put (to) - poner
    put on (to) - ponerse

Q

question - pregunta

R

read (to) - leer
reading - lectura
really - en realidad
recess - recreo
red - rojo
religion - religión
restaurant - restaurante
return - regresar
Right! - ¡Bien!
ring (to) - sonar
road - camino
rock - roca
room - cuarto
rope - cuerda

S

same - mismo
Saturday - sábado
say (to) - decir
school - escuela
season - estación; temporada
see (to) - ver
sentence - oración
serve (to) - servir
set the table (to) - poner la mesa
seven - siete
she - ella
    she is - está; es
    she does - hace
    she eats - come
    she goes - va
    she has - tiene
    she lives - vive
    she sleeps - duerme
    she studies - estudia
    she works - trabaja
shirt - camisa

shoe - zapato
sick - enfermo
sicker - más enfermo
sickest - el más enfermo
sign - señal
singer - cantante
sister - hermana
sit (to) - sentarse
six - seis
sleep (to) - dormir
　sleeping - durmiendo
small - pequeño
smaller - más pequeño
smallest - el más pequeño
so - entonces
soccer - fútbol
some - alguno; unos
son - hijo
soup - sopa
Spanish - español
Stadium - estadio
star - estrella
start (to) - empezar
state - estado
stay (to) - quedarse
　stay in bed (to) - guardar cama
steak - bistec
stop (to) - detenerse
store - tienda
story - historia; cuento
stripe - franja
student - estudiante
study (to) - estudiar
　studying - estudiando
subject - materia; sujeto
sugar - azúcar
suit - traje
summer - verano
Sunday - domingo
supermarket - supermercado
swim (to) - nadar

T

table - mesa
taco - taco
take (to) - tomar
　take off (to) - quitarse
talk (to) - hablar
tea - té
teacher - maestro
teeth - dientes
telephone - teléfono
television - televisión
tell (to) - decir
temperature - temperatura
ten - diez
test - examen
thank you - gracias
　thanks - gracias
that - ese, eso, aquel
the - el, la, lo, los, las
their - su, sus
them - los, las
then - entonces; luego
there - allá
　there are - hay
therefore - por eso
they - ellos, ellas
　they are - son; están
　they do - hacen
　they eat - comen
　they go - van
　they have - tienen
　they live - viven
　they play - juegan
　they sleep - duermen
　they study - estudian
　they work - trabajan
thing - cosa
think (to) - pensar
thirteen - trece

this - este, esta, esto
those - aquellos
three - tres
Thursday - jueves
ticket - boleto
time - hora; tiempo
times - por
to - a
toast - pan tostado
today - hoy
tomato - tomate
tomorrow - mañana
too - también
touch (to) - tocar
town - pueblo
toy - juguete
traffic - tráfico
travel (to) - viajar
trip - viaje
truth - verdad
Tuesday - martes
turkey - pavo
TV - televisión
two - dos

U

uncle - tío
United States - Estados Unidos
until - hasta
up - arriba
use (to) - usar

V

vegetable - legumbre
vehicle - vehículo
verb - verbo
very - muy

view - vista
visit (to) - visitar
visit - visita
vocabulary - vocabulario
voice - voz
vote - voto

W

walk (to) - andar
want (to) - querer
war - guerra
watch - reloj
watch (to) - mirar
    watching - mirando
watermelon - sandía
we - nosotros
    we are - somos; estamos
    we do - hacemos
    we eat - comemos
    we go - vamos
    we have - tenemos
    we live - vivimos
    we play - jugamos
    we sleep - dormimos
    we study - estudiamos
    we watch - miramos
    we work - trabajamos
Wednesday - miércoles
week - semana
well! - ¡bueno!
what - lo que
    what? - ¿qué?; ¿cuál?
when - cuando
    when? - ¿cuándo?
where - donde
    where? - ¿dónde?
which - lo que; lo cual
    which? - ¿cuál?
white - blanco

whiter - más blanco
whitest - el más blanco
who - quien
   who? - ¿quién?; ¿quiénes?
why? - ¿por qué?
wife - esposa
winter - invierno
with - con
woman - mujer
women - mujeres
word - palabra
work - trabajo
work (to) - trabajar
   working - trabajando
wow! - ¡caramba!
write (to) - escribir

X

Y

year - año
yellow - amarillo
yellower - más amarillo
yellowest - el más amarillo
yes - sí
yet - ya
you - tú, usted
   you are - eres, es; estás, está
   you do - haces; hace
   you eat - comes; come
   you go - vas; va
   you have - tienes; tiene
   you live - vives; vive
   you play - juegas; juega
   you sleep - duermes; duerme
   you study - estudias; estudia
   you watch - miras; mira
   you work - trabajas; trabaja

younger - menor
your - tu, tus, su, sus

Z

INDEX

Books Available From **FISHER HILL**

ENGLISH for the SPANISH SPEAKER Books 1, 2, 3, & 4
For Ages 10 - Adult

SPANISH made FUN and EASY Books 1 & 2
For Ages 10 - Adult

HEALTH Easy to Read
For Ages 10-Adult

United STATES of America Stories, Maps, Activities in Spanish and English Books 1, 2, 3, & 4
For Ages 10 - Adult

ENGLISH for the SPANISH SPEAKER Books 1, 2, 3, & 4 are English as a Second Language workbooks for ages 10 - adult. Each book is divided into eight lessons and is written in Spanish and English. Each lesson includes: vocabulary, a conversation, a story, four activity pages, an answer key, two dictionaries: English-Spanish and Spanish-English, a puzzle section, and an index. Each book is $12.95 and approximately 110 pages. Book size: 8 1/2 x 11. Book 1 ISBN 1-878253-07-7, Book 2 ISBN 1-878253-16-6, Book 3 ISBN 1-878253-17-4, Book 4 ISBN 1-878253-18-2.

SPANISH made FUN and EASY Books 1 & 2 are workbooks for ages 10 - adult. Each book includes stories, games, conversations, activity pages, vocabulary lists, dictionaries, and an index. The books are for beginning Spanish students; people who want to brush up on high school Spanish; or for Spanish speakers who want to learn how to read and write Spanish. Each book is $14.95 and 134 pages. Book size is 8 1/2 x 11. Book 1 ISBN 1-878253-06-9, Book 2 ISBN 1-878253-19-0.

HEALTH Easy to Read For Ages 10 - Adult contains 21 easy to read stories. After each story is a vocabulary page, a grammar page, and a question and answer page. The stories are about changing people's life styles to reduce their risk of poor health and premature death. Book size is 8 1/2 by 11 and has 118 pages. ISBN 1-878253-09-3; $12.95.

United STATES of America Stories, Maps, Activities in SPANISH and ENGLISH Books 1, 2, 3, & 4 are easy to read books about the United States of America for ages 10 - adult. Each state is presented by a story, map, and activities. Each book contains information for 12 to 13 states and has an answer key and index. The states are presented in alphabetical order. Book size is 8 1/2 by 11. Each book is $14.95 and approximately 140 pages.
Book 1 ISBN 1-878253-10-7 Alabama through Idaho
Book 2 ISBN 1-878253-11-5 Illinois through Missouri
Book 3 ISBN 1-878253-12-3 Montana through Pennsylvania
Book 4 ISBN 1-878253-13-1 Rhode Island through Wyoming

Order Form

FISHER HILL
P.O. Box 320
Artesia, CA 90702-0320 2148110

1. **By Phone**: call 1-800-494-4652, 6:00 A.M. to 6:00 P.M. Pacific Time.
2. **By Fax**: fax your order to 562-920-8128.
3. **By Mail**: send your order to Fisher Hill.

DATE: _____

NAME: _____

ADDRESS: _____

CITY: _____

PURCHASE ORDER NUMBER: _____

QUANTITY	ITEM	PRICE	TOTAL
	HEALTH Easy to Read ISBN 1-878253-09-3	$12.95	
	ENGLISH FOR THE SPANISH SPEAKER BOOK 1 ISBN 1-878253-07-7	$12.95	
	ENGLISH FOR THE SPANISH SPEAKER BOOK 2 ISBN 1-878253-16-6	$12.95	
	ENGLISH FOR THE SPANISH SPEAKER BOOK 3 ISBN 1-878253-17-4	$12.95	
	ENGLISH FOR THE SPANISH SPEAKER BOOK 4 ISBN 1-878253-18-2	$12.95	
	SPANISH MADE FUN AND EASY Book 1 ISBN 1-878253-06-9	$14.95	
	SPANISH MADE FUN AND EASY Book 2 ISBN 1-878253-19-0	$14.95	
	UNITED STATES OF AMERICA BOOK 1 IN SPANISH AND ENGLISH	$14.95	
	UNITED STATES OF AMERICA BOOK 2 IN SPANISH AND ENGLISH	$14.95	
	UNITED STATES OF AMERICA BOOK 3 IN SPANISH AND ENGLISH	$14.95	
	UNITED STATES OF AMERICA BOOK 4 IN SPANISH AND ENGLISH	$14.95	

TOTAL _____

Please add 8% for books shipped to CA addresses.   TAX _____

Add 10% of TOTAL for shipping.   SHIPPING _____

GRAND TOTAL _____

PAYMENT _____

BALANCE DUE _____